教育部人文社会科学研究青年项目(18YJC860005)成果
2022年度国家社科基金项目(22BKS149)中期成果
2021年度安徽农业大学习近平新时代中国特色社会主义思想研究中心
招标课题重点课题(ZX2021ZD02)中期成果

曼纽尔·卡斯特传播思想研究

陈敬宇 著

中国科学技术大学出版社

内 容 简 介

曼纽尔·卡斯特是当代西方马克思主义重要的城市社会学和网络社会学家。本书涉及卡斯特传播思想中媒介技术哲学、文化哲学和权力哲学观念的系统范畴和具体问题,研究主题属于观念哲学与传播思想史的融合研究。本书以卡斯特传播思想背景分析为切入点,厘清概念、理顺关系,同时开展历时与共时研究,在网络社会理论的宏大视域下,从传播媒介观、传播文化观、传播权力观三个角度对卡斯特传播思想进行框架性研究,并就其各个时期的思想侧重点进行系统阐释和理性评析,分析并阐释其传播思想的演化特点。可供传播学专业研究生及相关领域人员参考。

图书在版编目(CIP)数据

曼纽尔·卡斯特传播思想研究/陈敬宇著.—合肥:中国科学技术大学出版社,2023.12

ISBN 978-7-312-05807-3

Ⅰ.曼⋯ Ⅱ.陈⋯ Ⅲ.曼纽尔·卡斯特—传播学—思想评论 Ⅳ.G206-097.12

中国国家版本馆 CIP 数据核字(2023)第 243224 号

曼纽尔·卡斯特传播思想研究

MANNIUER·KASITE CHUANBO SIXIANG YANJIU

出版	中国科学技术大学出版社 安徽省合肥市金寨路 96 号,230026 http://press.ustc.edu.cn https://zgkxjsdxcbs.tmall.com
印刷	安徽省瑞隆印务有限公司
发行	中国科学技术大学出版社
开本	710 mm×1000 mm 1/16
印张	11.5
字数	181 千
版次	2023 年 12 月第 1 版
印次	2023 年 12 月第 1 次印刷
定价	60.00 元

前　　言

本书研究了卡斯特传播思想中媒介技术哲学、文化哲学和权力哲学观念的系统范畴和具体问题。

曼纽尔·卡斯特是当代西方马克思主义重要的城市社会学和网络社会学家,被誉为"虚拟世界第一位重要哲学家",在他已走过的60多年学术生涯中,研究视域历经六次转型,涉及城市社会学、城市社会运动、信息化城市、网络社会技术与经济、传播权力和网络社会运动,且在每个领域都有所建树。但真正让其声名鹊起的则是他提出的"网络社会理论"。在这项宏大研究中,他敏锐地意识到20世纪80年代以来全球社会的变迁大势——人类正在经历着的以信息处理和传播技术为核心的信息技术革命,使资本主义再结构、信息化和网络化,"作为一种历史趋势,信息时代的支配性功能与过程日益以网络组织起来。网络建构了新社会形态,而网络化逻辑的扩散实质性地改变了当代生产、经验、权力与文化的作用和结果",一种新社会形态——网络社会正在形成。但卡斯特并未止步于此,他认为自己学术生涯一直有一个核心问题,那就是"对权力的关注,因为这构成了社会的基础……如今,传播领域——包括新技术环境中的新媒体和横向传播网络——是权力关系得以展开的空间和领域。传播成为当今世界政治运作的中心"[①]。在完成对网络社会的论述之后,卡斯特继续对权力结构的变迁进行考察,传播、文化与权力占据其后期研究的核心,卡斯特的传播研究是以网络为核心,以信息与传播技术和社会、经济、文化的相互影响为突破,将社会理论与传播理论综合

---

① 邱林川.中国、传播与网络社会:与卡斯特对谈[J].传播与社会学刊,2006(1):1-15.

起来的跨文化和跨学科研究,其分析范式涉及媒介研究、文化研究、技术经济分析、政治经济学和微观神经生理、心理学分析,最终出版了《互联网星河》《移动网络社会》《传播权力》等著作,奠定了其国际知名传播学家地位。虽然卡斯特在国际传播学领域 SSCI 引文位居全球第一,传播学者张口闭口卡斯特,涉及卡斯特传播思想的研究也不少,但大多是零散、不系统的,多是在其他研究中旁涉的,且相关论述大多是蜻蜓点水,缺乏系统整理和定位,与学界对他的网络社会理论关注度相比,对其传播思想内涵的深入理解和研究则稍显缺位。这导致我们难以把握卡斯特传播思想乃至其全部思想的全貌,也难以对卡斯特传播思想进行定位,更别提客观评价其对西方传播思想发展进程的影响。

本书力图弥补这个缺憾,以卡斯特传播思想背景分析为切入点,厘清相关概念、理顺相关关系,同时采用历时与共时研究,在网络社会理论的宏大视域下,从传播媒介观、传播文化观、传播权力观三个角度对卡斯特传播思想进行框架性研究,对其各个时期的思想侧重点进行系统阐释和理性评析,分析并阐释其传播思想的演化特点。希望在此研究基础上为国内的传播、媒介权力和网络社会研究主题提供更多的参考。因此,本书更倾向于价值研究,即采取"先阐述问题,再厘清问题,最后评定价值"的研究思路,力图赋予卡斯特传播思想在不同社会环境中新的意义。

本书对卡斯特传播思想研究的创新主要体现在三个方面:① 对卡斯特传播思想进行相对全面、系统的研究。依据他在网络社会理论背景下对传播、文化和权力认识,进行系统阐述,并试图回答国内外学者所提出的卡斯特等人如何将社会理论与传播理论融合的疑问;② 对卡斯特媒介观进行深入分析,理解以麦克卢汉为核心的媒介技术理论和卡斯特的媒介技术分析之间的关系。相距 30 年,两种截然不同的研究方法,使得卡斯特与媒介环境学派开山人物麦克卢汉的理论有着很大区别。尽管如此,两种理论之间仍有关联,对二者进行了详细对比和深入分析,必将推动卡斯特的深入研究。③ 对卡斯特传播权力理论进行系统阐述,主要从卡斯特权力思想的谱系、传播权力概念内涵、传播与权力关系、网络中权力结构建构的分析及权力与思想框架机制的阐释，来深入理解卡斯特传播权力思想。此外，本书还对卡斯特"网络"概念内涵的发展进行了较为系统的梳理。目前，该概念在国内只有评述和引用，并无专门分析。

本书为教育部人文社会科学研究青年项目"卡斯特传播思想研究"(18YJC860005)成果、2022年度国家社科基金项目"零工类型农民工的社会保障政策优化研究"(22BKS149)中期成果、2021年度安徽农业大学习近平新时代中国特色社会主义思想研究中心招标课题重点课题(ZX2021ZD02)中期成果，还是在2023年度安徽省高校哲学社会科学研究重点项目(2023AH050973)、2022年度安徽省社会科学创新发展研究课题社科普及项目(2022KD005)成果、安徽农业大学青年拔尖人才项目(rc512102)支持下完成的最终成果。

本书在撰写过程中得到中国传媒大学陈卫星教授和中国科学技术大学汤书昆教授的悉心指导。感激我的硕士导师、安徽师范大学王世华教授一直以来的提携和帮助。感谢安徽大学新闻传播学院姜红院长一直以来的鼓励。本书最终能够顺利出版还得益于安徽农业大学马克思主义学院孙超书记、方国武院长、袁修雨副院长，人文社会科学学院黄洪雷院长的鼎力支持，特此致谢！

目 录

前言 ·· (i)

第1章 绪论 ··· (1)
  1.1 研究问题与意义 ·· (1)
    1.1.1 研究卡斯特传播思想有助于厘清其在传播学界的影响 ········ (2)
    1.1.2 卡斯特的思想有利于认识全球当下的喧嚣与文明变迁 ········ (3)
    1.1.3 卡斯特的思想为理解当下中国提供了极佳的视角和工具 ····· (3)
  1.2 国内外研究综述 ·· (6)
    1.2.1 卡斯特个别思想和成果的引入阶段 ······························ (6)
    1.2.2 《信息化城市》和"信息时代三部曲"出版后所引发的高潮 ···· (7)
    1.2.3 基于卡斯特传播研究、传播权力相关成果引发的关注 ········ (15)
  1.3 研究方法与难点 ·· (20)
    1.3.1 研究方法 ··· (20)
    1.3.2 研究难点 ··· (22)
  1.4 研究思路与创新 ·· (23)
    1.4.1 研究思路 ··· (23)
    1.4.2 研究创新 ··· (24)

第2章 卡斯特生平和思想背景 ·· (26)
  2.1 卡斯特生平历程 ·· (26)
  2.2 卡斯特研究主题和学术思想分期 ··································· (29)
    2.2.1 早期生涯：学术与志业的奠定 ··································· (29)
    2.2.2 学术生涯第一阶段：城市、社会和马克思主义 ················ (30)
    2.2.3 学术生涯第二阶段：信息技术、经济与社会 ··················· (32)
    2.2.4 学术生涯第三阶段：传播权力与网络社会运动 ··············· (33)
  2.3 卡斯特传播思想的理论背景 ·· (36)
    2.3.1 经典社会学的启发 ·· (37)
    2.3.2 媒介环境学的影响 ·· (39)
    2.3.3 马克思主义的继承 ·· (42)
    2.3.4 当代认知科学借鉴 ·· (44)

第3章　卡斯特传播媒介观····································（46）
3.1　媒介历史观··（47）
3.1.1　麦克卢汉星系阶段·······························（49）
3.1.2　互联网星系的延伸·······························（51）
3.2　网络中心观··（53）
3.2.1　网络概念和结构居核心···························（55）
3.2.2　以信息主义历史观为基础·························（58）
3.2.3　以网络社会为社会形态···························（60）
3.2.4　以网络隐喻为分析取向···························（62）
3.3　媒介时空观··（63）
3.3.1　卡斯特的空间观·································（64）
3.3.2　卡斯特的时间观·································（68）
3.4　大众自传播··（71）
3.4.1　媒体系统的变革·································（72）
3.4.2　大众自传播出现·································（73）
3.4.3　大众自传播与权力·······························（76）

第4章　卡斯特的传播文化观································（79）
4.1　传播与文化的概念结构································（79）
4.1.1　传播与文化之间的关联···························（79）
4.1.2　传播文化三个关联视角···························（80）
4.2　真实虚拟文化观······································（85）
4.2.1　真实虚拟文化的背景·····························（86）
4.2.2　真实虚拟文化的内涵·····························（90）
4.2.3　真实虚拟文化的特征·····························（93）
4.3　全球文化转型与网络文化结构··························（94）
4.3.1　互联网文化发展基础结构的理解···················（95）
4.3.2　全球传播时代文化的结构性变迁···················（97）
4.2.1　全球文化与传播·································（101）

第5章　卡斯特的传播权力观································（103）
5.1　卡斯特权力概念及谱系································（104）
5.1.1　权力哲学思想谱系·······························（104）
5.1.1　权力定义及其特点·······························（108）
5.2　传播权力的总体框架与相互关系························（113）
5.2.1　传播与权力在空间逻辑中的结合···················（114）
5.2.2　传播与权力在功能逻辑上的结合···················（115）
5.3　权力思想框架··（118）

5.3.1　框架和意识对决策的影响 ················· (118)
　　　5.3.2　卡斯特对思想框架的分析 ················· (121)
　5.4　网络与权力 ····························· (126)
　　　5.4.1　网络权力的四种结构类型 ················· (127)
　　　5.4.2　网络权力类型与传播网络 ················· (133)

第6章　卡斯特传播思想评价及启示 ················· (137)
　6.1　卡斯特传播思想主要贡献与局限 ················· (137)
　　　6.1.1　主要贡献 ························· (137)
　　　6.1.2　主要局限 ························· (145)
　6.2　卡斯特思想在传播学领域被忽视的表现及原因 ········· (153)

结语　虚拟世界第一位重要的哲学家 ················· (157)

参考文献 ································· (162)

第1章 绪 论

以往对曼纽尔·卡斯特的研究都集中于其城市社会学(包括城市规划)、网络社会理论。本书选取卡斯特的传播思想作为研究对象,主要基于以下几个方面的考虑。

1.1 研究问题与意义

作为声名显赫的社会科学家,卡斯特的研究领域极其宽广,近60年(1960—2017)的研究生涯横跨六大领域[①],且在每一领域都有独特建树,其研究还带有无所不包的全球化理论气质。自1983年之后,卡斯特开始关注信息城市,传播就以信息技术为核心进入卡斯特的视野,随后他在考察网络社会变迁过程中,进一步对网络社会中的传播作用进行了重点研究,提出了"流动空间""无时间时间""真实虚拟文化"等核心概念。特别是在2007年之后,卡斯特将自己一直关注的权力问题单独进行研究之后,传播问题日渐成为其研究的核心,其研究开始进入媒介(或传播)为中心的分析范式。卡斯特在退休之后(2003年),接受南加州大学安南伯格传播学院邀请担任主任,经过近10年的耕耘,于2009年出版了《传播权力》一书,对其早期作品《网络社会崛起》(1996)中提出的媒介和传播观点做了部分修正和补充,并提出了独立的"传播权力"理论,该书的出版也奠定了卡斯特作为传播学家的国际地位。

---

① Castells M. A Sociology of Power: My Intellectual Journey[J]. Annual Review of Sociology, 2016, 42(1):1.

1.1.1 研究卡斯特传播思想有助于厘清其在传播学界的影响

卡斯特被美国《金融时报》誉为"最接近因特网的开创性哲学家"。2015年的一项研究表明[①]，在2000—2014年全球SSCI引文统计中，卡斯特在社会学领域论文被引用量位居全球第五位（排在其前的分别是哈贝马斯、吉登斯等人），而在全球传播领域其被引则排全球第一位，可见其理论的影响之大，但这给其思想研究者提出了一个尴尬的问题：一方面，卡斯特因为学术成果的高产和理论的强劲影响，关注度持续上升，学界对其研究和评论的文献非常丰富；另一方面，这些对卡斯特传播思想和传播理论的引用又多是蜻蜓点水，对其理论内涵的研究和解读不足，这与其全球影响力和国际地位不成正比，在中国因为其著作翻译引进的滞后，表现尤其明显，学界对卡斯特传播理论的创新定位偏低，甚至有学者认为其理论有玩弄辞藻之嫌。这固然因其早期城市社会学和网络社会理论的社会学影响较大，掩盖了其传播研究的光环，对其传播思想深度关注和解读不足可能也是重要原因。这也印证了英国著名文化产业学者大卫·赫斯蒙德夫(David Hesmondhalgh)的困惑，他说："媒介研究的国际杂志中充满了诸如哈贝马斯、鲍德里亚、福柯和卡斯特……威廉斯、吉登斯等人的名字，这些人是理所当然的社会学家。但这里有个问题，这些理论是以何种方式迁移、融入媒介理论和媒介研究中的？"[②]大卫·赫斯蒙德夫所提到的学者中，哈贝马斯、鲍德里亚与福柯目前在传播学界都是炙手可热的人物，与他们相比，学界对卡斯特传播思想的研究显得较冷清，尚待展开和深入。

本书就是针对以上困惑，试图以卡斯特在传播相关领域的研究为切入点，具体阐释其传播媒介观、传播文化观、传播权力观等核心命题，探讨卡斯特如何将网络社会理论与媒介理论相结合，在当代社会形态历史变迁趋势论述的基础上，来理解当代全球传播、文化和权力的变革。

---

① 2000—2014年社会科学索引(Social Science Citation Index)选定的社会科学领军学者名单按被引用次数排名。
② Hesmondhalgh D,Toynbee J. The Media and Social Theory[M]. London:Routledge,2008:1.

1.1.2 卡斯特的思想有利于认识全球当下的喧嚣与文明变迁

卡斯特的理论对现实具有极强的关照,在20世纪80年代末90年代初,互联网应用刚开始萌芽之际,他就从自己学术发源地法国奔向了美国硅谷,对正在兴起中的信息技术革命进行观察,在此期间卡斯特敏锐地观察到了当时整个社会的变迁大势,开始对在时空变迁网络逻辑下网络社会的经济、政治、文化、经验和权力的社会结构变化进行系统考察,虽历经两次癌症冲击①,差点失去生命,但在手术完成后仍坚持出版了长达1500多页的"信息时代三部曲",提出了网络社会理论经典论述。虽然这些观点在近30年后的今天已成常识,但其理论的宏大格局至今仍具有启发意义,且在卡斯特持续的学术耕耘中仍在不断延展。

20世纪90年代,卡斯特在网络社会理论的基础上,对其中的权力、政治和文化变迁,以传播为中心进行了长期研究,对当代正在演变中的全球传媒集团的产业格局、传播权力变迁的趋势和当代政治传播新局面进行了民族志的描述。尤其是进入2009年之后,全球各地发生了以"阿拉伯之春"为代表的社交媒体革命,卡斯特更是站在这场所谓"革命"的最前沿,聚焦网络社会运动与当代社交媒体的演变,在研究中提供了第一手的田野描述和分析,并形成其在该领域的又一力作《网络的愤怒与希望》(*Networks of Outrage and Hope:Social Movements in the Internet Age*,2014)。

1.1.3 卡斯特的思想为理解当下中国提供了极佳的视角和工具

自20世纪末以来,世界上大多数国家正在经历一场巨大而深刻的社会变革——全球化。在这个过程中,传播媒介技术的发展,尤其是互联网的扩散扮演了极为重要的角色。卡斯特认为,全球化是全球信息化和网络化的过程,它的实现以信息与传播技术(Information Communication Technologies,ICTs)为

---

① 卡斯特于1993年和1996年因为肾脏癌症,接受了两次手术,切除一个肾,医生起初认为他只能存活3年,但他奇迹般地活了下来,以6个月的周期活着,因为他术后检查的周期是6个月。

核心,而这种新信息传播技术发展正是全球化得以持续深化的关键之一①;如果说信息传播技术被用来指称一种"计算机化和网络化的认知、传播与合作的技术",那么互联网无疑是信息传播技术中最具代表性和最有影响力的类型之一,中国目前已成为全球互联网第一大国和创新中心,其变革意义空前!

首先,中国互联网虽然是1995年之后才发展起来的,起步晚于卡斯特所描述的欧美等国,但历经近30年的发展,互联网已然成为中国崛起的催化剂,作为拥有超过10亿网民体量的全球最大互联网的国家,中国正处在互联网革命爆发期,高歌猛进,迈向全球化、信息化、网络化的道路,网络社会正在形成之中。

据中国互联网络信息中心(CNNIC)发布的权威报告,第50次《中国互联网络发展状况统计报告》统计数据显示:截至2022年6月,我国网民规模为10.51亿,互联网普及率达74.4%。在网络基础资源方面,我国域名总数为3380万个,".CN"域名数为1786万个,IPv6地址数量为63079块/32。在信息基础设施建设方面,截至2022年6月,我国千兆光网具备覆盖超过4亿户家庭的能力,已累计建成开通5G基站185.4万个,实现"县县通5G、村村通宽带"。三家基础电信企业的固定互联网宽带接入用户总数达5.63亿户,三家基础电信企业发展蜂窝物联网终端用户16.39亿户。在网络接入环境方面,网民人均每周上网时长为29.5个小时,较2021年12月提升1.0个小时。网民使用手机上网的比例达99.6%;使用台式电脑、笔记本电脑、电视和平板电脑上网的比例分别为33.3%、32.6%、26.7%和27.6%。②

网络不仅正在改变中国社会经济、政治和文化的发展面貌,还在很大程度上改变了中国人传统的生产方式和工作方式。普通人的生活方式甚至思维方式也都在发生急剧变化。

目前,中国网络经济发展迅速,中国企业信息化、互联网使用以及宽带接入已全面普及,分别达99.0%、95.6%和93.7%。在媒介融合发展的趋势下,互联网在企业营销体系中扮演愈发重要的角色,互联网营销推广的比例高达38.7%。企业日益重视并充分发挥互联网的作用。百度、阿里巴巴和腾讯(简

---

① 曼纽尔·卡斯特.网络社会的崛起[M].夏铸九,等译.北京:社会科学文献出版社,2006.
② 数据源自中国互联网络信息中心(http://www.cnnic.cn/hlwfzyj/hlwxzbg/)。

称BAT)等,这些以技术为取向的大型平台和超级运营商,逐渐囊括了信息聚合、信息储存、信息搜索、社交娱乐、地理位置服务、数据挖掘、智能制造、电子商务等信息经济圈①。

中国在互联网行业的创新也领先全球,以高速铁路、网购、扫码支付和共享单车为代表的"中国新四大发明"的生活方式为国外青年所艳羡,突出显示了网络社会对普通人生活方式的建构。

互联网和手机对传统报纸和电视等媒介的替代性产生了全方位的变革作用,人们对移动和社交的依恋已经成为一种"文化症候"。因此,中国政府在2014年就将"互联网+"列入国家发展战略。

但是,在中国网络社会高歌猛进的时候,社会特征和权力结构也随之突变。一方面,民众信息权力扩张,网民自由表达意愿和社会参与度增强,中国社会网络事件也多有呈现,产生一定的社会影响,中国需要在新的传播转型和权力生态下,作出更好的选择。

另一方面,传统中国社会的治理方式,是建立在工业文明基础之上的思维和体制,与网络技术和产业带来的创新引领相比,中国社会管理在体制分工、公共服务体系、法律监管、思维观念方面,面对信息技术扩张和网络社会发展,时而出现明显的滞后效应,网络所带来的数字鸿沟分化、网络色情和网络安全问题凸显,带来了新风险和新挑战。

而卡斯特传播理论恰恰是在网络社会基础上,对全球互联网的深度思考、对当代社会形态和结构变迁的准确把握,传播权力理论则是对网络社会权力结构的变化、新传播转型等问题的深入思索。这些为我们解决上述问题提供了较好的视角和理论工具,因此对卡斯特思想的深入挖掘,可以为当下中国社会和网络治理提供良好的参考。

---

① 支庭荣.怪兽来袭,没有报纸的明天会来临吗?[EB/OL].[2015-10-10].http://www.cssn.cn/index/sy_sqrd/201510/t20151010_2489570.shtml.

1.2 国内外研究综述

对卡斯特的研究在国内外经历了三次高潮。

1.2.1 卡斯特个别思想和成果的引入阶段

国内早在 1985 年，上海译文出版社就翻译引入了卡斯特的《经济危机与美国社会》①一书，但并未引发太多关注，研究和引用者寥寥。而卡斯特在国内被重视则主要归功于其两位弟子：邢幼田和夏铸九，二人与谢国雄早在 1988 年《台湾社会学研究季刊》第 1 卷就刊发了对卡斯特的采访②，主要围绕其都市研究和城市规划以及对第三世界城市研究意义展开的采访和阐述，其中涉及了少量卡斯特对自己研究方法、理论模型的解释。随后，夏铸九教授及其学生先后编印了《空间的文化形式与社会理论读本》《流动、空间与社会：1991—1997 论文选》③，将卡斯特早期《城市问题：马克思主义的视角》(*The Urban Question: A Maxist Approach*)、《城市与草根》(*The City and Grassroots*)、《信息化城市》(*The Informational City, Economic Restructuring and Urban Development*) 等著作的精彩章节节译。除此之外，夏铸久先生对卡斯特相关城市和规划理论的初步研究在这一阶段也较为显著。除此之外，1998 年林秀姿还翻译了卡斯特的《流动空间的草根化》(*Grassrooting the Space of Flows*)核心论文。④ 正如南京大学牛俊伟博士所言，这部分研究"基本上集中在对卡斯特的城市空间理论方面介绍和初步研究"⑤。

大陆对卡斯特的研究文献稍晚于台湾地区，最早是在 1996 年，中国人民大学的韩国博士留学生朴寅星在《城市问题》杂志上刊发的《西方城市理论发展和主要课题》一文，这引发了国内学者对卡斯特城市社会学理论的关注，随后邓青

---

① 曼纽尔·卡斯泰尔斯. 经济危机与美国社会[M]. 晏山枥，等译. 上海：上海译文出版社，1985.
② 谢国雄，邢幼田，夏铸九. 访问曼纽·卡斯提尔[J]. 台湾社会学研究季刊，1998(1)：1-2.
③ 卡斯特文. 流动空间的草根化[J]. 城市与设计学报，1998(5/6)：1-9.
④ 卡斯特文. 流动空间的草根化[J]. 城市与设计学报，1998(5/6)：1-9.
⑤ 牛俊伟. 城市中的问题与问题中的城市[D]. 南京：南京大学，2013.

(1997)、夏建中(1998)及孙明浩(1999)均对其城市社会学思想进行了评介[①]，但此时，学者对卡斯特研究多为蜻蜓点水，对其前期思想用力最深、成果较多的则是南京大学牛俊伟博士，他的博士论文对卡斯特首部城市社会学著作《城市问题》进行了深入的文本分析。[②]

1.2.2 《信息化城市》和"信息时代三部曲"出版后所引发的高潮

1999年之后，随着卡斯特《信息化城市》一书被清华大学崔保国教授翻译引入。2000年之后，卡斯特的"信息时代三部曲"（三卷本，分别是《网络社会的崛起》《认同的力量》《千年终结》）[③]被夏铸久先生翻译引入中国，除了兴起对卡斯特城市思想和城市社会学研究的高潮之外，其信息社会、网络社会和全球化思想也被提上日程。崔保国教授的《信息社会理论及其模式》属于教材性质，是在其翻译《信息化城市》的基础上，对卡斯特的"信息化发展模式"和网络社会理论进行了介绍[④]属于我国较早的研究。而谢俊贵在2001年和2012年分别撰文对卡斯特信息社会理论与网络社会理论核心观点进行了全面评述[⑤]，涉及卡斯特的信息化城市、高科技产业园区、网络社会理论，对网络社会理论的形成过程、功能及特色进行了深入阐述。而同时期的吴玉荣则是在卡斯特网络社会国家视角中探讨了苏联解体过程[⑥]，这也是卡斯特网络社会研究中的核心问题。

2004年11月23日，卡斯特来到中国，在上海《文汇报》与许继林、吕新雨等学者进行了座谈，这激发了中国学者对卡斯特关注的第一个小高潮，但主要还是局限于对卡斯特思想的采访与介绍，并未做深入研究[⑦]。此后，对卡斯特的

---

① 因本书集中于卡斯特后期传播思想，故该部分不是本书研究重点，对相关研究成果的评述，牛俊伟博士论文梳理最为详细。

② 牛俊伟. 城市中的问题与问题中的城市[D]. 南京：南京大学，2013.

③ Castells M. The Network Society：The Information Age：Economy，Society and Culture：Vol. Ⅰ[M]. Oxford：Blackwell，1996；Castells M. The Rise of the Network Society：Vol. Ⅱ[M]. Oxford：Blackwell，1997；Castells M. The Power of Identity. Oxford：Blackwell：Vol. Ⅲ[M]. Oxford：Blackwell，1998.

④ 本书主要介绍卡斯特传播思想，故这部分仅简单提一下，详细梳理见牛俊伟博士论文文献综述。

⑤ 谢俊贵. 凝视网络社会：卡斯特尔信息社会理论述评[J]. 湖南师范大学社会科学学报，2001(3)：41-47.
谢俊贵. 当代社会变迁之技术逻辑：卡斯特尔网络社会理论述评[J]. 学术界，2002(4)：191-203.

⑥ 吴玉荣. 信息技术革命与苏联解体：兼论曼纽尔·卡斯特解读苏联解体的新视角[J]. 中共中央党校学报，2003(11)：51-56.

⑦ 该部分文献主要集中在其思想的介绍和访谈。

关注又沉寂了近 4 年。

2008 年之后,对卡斯特的研究开始持续升温。北京邮电大学王保臣、杨艳萍在城市社会学、信息社会、网络社会的框架内对此前国内外研究卡斯特的文献进行了梳理。这是国内首次对国外卡斯特研究相关文献进行的梳理。文章认为"卡斯特文献在国内大多是节选,限制了中文世界对卡斯特的深入研究,提出全面翻译卡斯特的著作,并深入理解和把握其思想理论的研究建议"。[①]

此后,学者对卡斯特思想关注,从述评开始进入到深入研究阶段。这些研究主要有以下三个特点:

(1) 对卡斯特网络社会思想的阐述。除上述谢俊贵对信息社会理论和网络社会理论进行初步述评之外,杨雁斌和梁栋在 2001 年也分别对《网络社会的崛起》进行了评析[②],陆俊、严耕将卡斯特的信息化思想与托夫勒思想进行了对比[③]。上海海运学院崔小璐通过对卡斯特网络社会理论中"技术社会形态论、技术统治论和网络逻辑负面影响忽视"三种角度来剖析卡斯特网络理论的单向度倾向。[④] 湖南师范大学杨荣国运用卡斯特的认同理论,对我国当代政治认同进行了分析[⑤]。华南理工大学的肖锋则是在信息哲学的范畴中对卡斯特网络社会思想中的"信息主义"概念进行了阐释,将"信息主义"视为卡斯特的历史观,并对卡斯特的信息决定论进行了批判。[⑥] 中国传媒大学谷俊明博士对卡斯特网络社会思想起源的社会背景和思想背景进行了分析,把卡斯特网络社会思想放在贝尔的后工业社会、库恩的范式革命、西方新马克思主义和韦伯的新教伦理脉络下去寻找网络社会思想之源[⑦]。此后,济南大学张荣在经济社会学范式角度主要是围绕卡斯特"新经济"的独特形态,通过阐释其形成基础、主要特征、主体、文化精神、工作及就业等内容,对卡斯特网络社会思想中的"网络经济

---

①② 王保臣,杨艳萍.曼纽尔·卡斯特研究述评[J].北京邮电大学学报(社会科学版),2008(6):10-15.
③ 陆俊,严耕.信息化与社会主义现代化:兼评托夫勒和卡斯特的信息化与社会主义"冲突"论[J].思想理论教育导刊,2004(8):34-38.
④ 崔小璐.试论卡斯特网络社会理论单向度倾向[J].上海青年管理干部学院学报,2004(3):47-50.
⑤ 杨荣国.当代政治认同初探:试用卡斯特认同理论分析[J].内蒙古农业大学学报(社会科版),2009(4):254-255.
⑥ 肖峰.信息技术决定论:从"信息社会"到"信息主义"[J].东北大学学报(社会科学版),2009(5):377-383.
⑦ 谷俊明.曼纽尔·卡斯特网络社会思想起源探析[J].现代传播(中国传媒大学学报),2013(5):153-154.

社会论"进行了分析①。南京政治学院彭洲飞从卡斯特网络社会理论中信息资本主义的正反两个方面来分析,指出卡斯特在阐述信息资本主义产生不良后果的时候,"更多扮演问题观察者的角色,没有担当起问题解决者的角色"②。南京审计学院方艳的《曼纽尔·卡斯特网络社会理论之述评》从网络社会的物质基础、属性、结构模式和作用角度归纳了卡斯特理论的主要观点,简单总结了国内外研究现状,认为卡斯特的网络社会理论对信息技术、全球化研究、网络概念及结构、媒体文化分析、社会形态等问题分析独到③。但该部分除肖峰的分析相对深入之外,大多仅处于简单介绍述评性质,缺乏对卡斯特网络社会理论全面深入的研究。

(2) 针对卡斯特流动空间的研究成果最为丰富④。杨卫丽等人通过"将卡斯特与建筑师密斯·凡德罗的流动空间理论在概念、价值取向和设计语汇的阐释角度"进行了分析,从而加深人们对当前的信息社会结构与空间组织的认识⑤;张钊则从卡斯特流动空间理论与复杂性思维的视角出发,研究了当前的青年社会运动,认为信息传播技术的革新重构了世界范围内的社会关系,构成了流动权力的基础,在青年社会运动的形成与扩散过程中发挥了重要作用⑥。复旦大学闰婧博士通过卡斯特理论中流动空间的浮现,流动空间对地方空间的排斥和地方空间激化的维度,在哲学的角度进行了研究,认为"流动的空间"思想解决了其早期著作中"结构和能动性"之间的矛盾,实现了两者的辩证统一⑦,其博士论文从流动空间角度对卡斯特思想进行了深入拓展。南京大学牛俊伟对卡斯特城市空间理论和后期的流动空间理论进行了对比分析,并认为从城市空间到流动空间的变化,反映了卡斯特分析视野的多元化、研究方法结构化,叙述逻辑从资本转向权力,理论立场则转向后现代主义的保守右派的变

---

① 张荣. 卡斯特网络经济社会论探析[J]. 石家庄经济学院学报,2014(1):55-61.
② 彭洲飞. 聚焦新马克思主义者卡斯特:信息资本主义理论[J]. 延安大学学报(社会科学版),2016(4):5-8,23.
③ 方艳. 曼纽尔·卡斯特网络社会理论之述评[J]. 哈尔滨学院学报,2015(6):17-20.
④ 本书因侧重于卡斯特传播思想,对本部分摘要分析,空间观的内容则在下个部分详细分析.
⑤ 杨卫丽等. 曼纽尔·卡斯特与密斯的流动空间比较试析[J]. 河北建筑科技学院学报,2005(22):4.
⑥ 张钊. 流动权力与复杂性:理解世界青年运动的一种潜在视角[J]. 中国青年研究,2013(12):11-15.
⑦ 闰婧. 卡斯特的"流动的空间"思想研究[J]. 哲学动态,2016(5):43-48.

化①。除此之外,大多是对卡斯特流动空间理论和内涵的解读②,涉及媒介与流动空间的部分我们将在下文中具体评述。

(3) 集中出现了一批硕博论文的成果,具体如表1.1所示。

表1.1 研究卡斯特硕、博论文统计表

年份	题目	学科	相关信息	核心观点	备注
2009	从"网络社会理论"管窥卡斯特利的传播思想	传播学	石岩妍 河北大学	本文主要通过介绍卡斯特利斯的生活经历和学术历程,特别是通过对他的"网络社会理论"的探析,研究他的理论视角、研究方法特点等方面内容,以此管窥其传播思想,但涉及传播思想极少,对传播权力初步提及	硕士论文
2009	流动空间理论研究	城市规划	沈广珍 南京大学	主要从城市规划地角义研究:(1) 构建流动空间理论框架。(2) 提出流动空间的结构模式。创新性地提出从点、线、面三个层面分解流动空间的结构模式。(3) 分析流动空间在城市空间中的演化机理。将卡斯特流动空间理论放置其理论建构的框架脉络内,涉及不多	博士论文

---

① 牛俊伟. 从城市空间到流动空间:卡斯特空间理论述评[J]. 中南大学学报(社科版),2014(2):143-148.

② 该部分成果主要有:张远大《流动空间:信息化社会空间形式:评析 Manuel Castells 的信息化社会空间理论》;卡斯特斯《流动的空间与全球转型》;沈丽珍、甄峰、席广亮《解析信息社会流动空间的概念、属性与特征》;王冠《网络社会的流动空间集聚与扩散》。

续表

年份	题目	学科	相关信息	核心观点	备注
2011	曼纽尔·卡斯特网络社会理论研究	马克思主义研究	朱明坤 中国社科院研究生院	本文以曼纽尔·卡斯特的《信息时代三部曲:经济、社会与文化》为主要研究对象,从时代背景、理论基础探讨了卡斯特网络社会理论的形成;以"三部曲"所论述的新的社会形态—网络社会的结构为基础来探讨卡斯特理论的内涵。本文网络社会理论的评价主要着眼于社会学、科学技术哲学,着重探讨网络社会理论产生的影响	硕士论文
2011	论曼纽尔·卡斯特的新马克思主义城市观	文学院	任荣 上海师范大学	本文以曼纽尔·卡斯特的"集体消费"和"城市社会运动"理论为研究对象	硕士论文
2012	新马克思主义城市学派理论研究	马克思主义哲学	赫曦滢 吉林大学	本文重点论述了马克思恩格斯的城市思想、列斐伏尔、曼纽尔·卡斯特和大卫·哈维的城市理论,并且把各个部分研究联系起来,从而找出新马克思主义城市理论代表人物思想的异同,进而梳理出新马克思主义城市学派思想的特点和共性	博士论文

续表

年份	题目	学科	相关信息	核心观点	备注
2013	城市中的问题与问题中的城市:卡斯特《城市问题》研究	马克思主义哲学	牛俊伟 南京大学	本文以对《城市问题》的主体思想进行文本细读,努力揭示卡斯特城市批判理论的基本内涵,同拟城市中的问题和问题中的城市为隐性叙述逻辑,一方面努力展现20世纪60年代以来发达资本主义深纠重组在城市空间中的具体反映,另一方面细致比对传统理论与马克思主义理论对城市问题应答方式的实质差异,进一步探索经典马克思主义理论如何与发达资本主义社会实际相结合的历史规律与实践途径	博士论文
2014	卡斯特信息社会思想研究	传播学	谷俊明 中国传媒大学	从思想史的角度去研究卡斯特信息社会思想形成与发展,微观角度研究卡斯特人生经历和学术领域变迁;中观考察卡斯特信息社会思想的起源与发展;宏观角度探讨卡斯特信息社会思想的适用性,并结合媒体事件对其观念进行反思	博士论文
2014	曼纽尔·卡斯特的流动空间理论研究	文艺学	余婷 南京大学	本文将分四部分介绍卡斯特的学术经历及国内外研究现状;卡斯特的"流动空间"与"地方空间"理论;流动空间中的权力斗争与转换;流动空间理论对中国当代文化研究的借鉴意义	硕士论文

续表

年份	题目	学科	相关信息	核心观点	备注
2015	曼纽尔·卡斯特的传播理论研究	传播学	秦栋 同济大学	本文立足于卡斯特的"网络社会理论",探讨了卡斯特的传播思想的三大来源——艾柯、伊尼斯和麦克卢汉及他们的理论对卡斯特的传播思想的影响;研究了作为卡斯特的传播思想的社会背景和理论背景的"网络社会理论",并发掘了该理论与传播学的关系。在此基础上,本文分别从宏观、中观和微观层面研究了卡斯特的传播思想。在宏观层面,卡斯特认为,在网络社会中,权力主要依赖传播而运转,网络社会中的权力是传播权力;在中观层面,卡斯特具体阐释了权力如何依靠媒体而运行;在微观层面,卡斯特解释了受众是如何接受体现着权力关系的媒体信息的。最后,本文对卡斯特的传播思想进行了评价,并通过将卡斯特的传播思想与传播学三大范式——经验主义范式、批判主义范式和技术主义范式进行对比,在传播学史中为其进行了定位	硕士论文

续表

年份	题目	学科	相关信息	核心观点	备注
2015	网络社会理论视角下认同变迁研究:以《穹顶之下》为个案分析	传播学	程悦 重庆大学	文章主要采用案例研究方法,对卡斯特认同理论进行验证和评估,将信息技术—社会变迁—认同变迁作为研究的主线,沿着卡斯特对信息技术范式下社会模式向网络社会变迁这条脉络进行梳理,通过《穹顶之下》引爆舆论这一个案对认同变迁的轨迹即个体认同、集体认同转向互联网背景下意义更加深远和复杂的社会认同进行论证	硕士论文
2015	曼纽尔·卡斯特社会运动传播理论研究	传播学	陈舒 中国人民大学	本文结合时代背景和卡斯特的社会运动学说,试图对曼纽尔·卡斯特的社会运动传播理论进行考察,大致可以分为两个部分:一是其早期提出的城市社会运动理论;二是基于网络社会背景下的新社会运动。对上述两个方面问题的探讨构成了本文的主要框架,并尝试选取西方学术界与曼纽尔·卡斯特观念有所交叉重叠的学者格拉德威尔、格里尔克里斯和图菲茨进行对比研究,将就西方新闻学界普遍关注的媒体在社会运动中的角色,公民新闻与社会运动之间的辩证关系以及传播与权力的博弈这三个方面展开阐述	硕士论文

在短时间内,集中出现了如此众多的硕、博论文对卡斯特进行研究,显示卡斯特的思想正在成为学界关注的热点,但这些硕博论文主要还是从不同学科的

视角对卡斯特城市社会学、网络社会相关具体问题展开的初步研究,也开始出现了部分从新闻传播学角度对卡斯特的研究,虽然还不够全面深入,但毕竟是一个好的开始。

有趣的是,这一阶段还有一些从文学维度阐释卡斯特网络社会相关理论的成果[①],因不属于我们研究的重点,故此处不再赘述。

1.2.3 基于卡斯特传播研究、传播权力相关成果引发的关注

1. 国外对卡斯特网络社会理论相关研究综述

卡斯特"信息时代三部曲"出版之后,在国外引发了对该主题研究的高潮,学界对卡斯特也更加关注了,这主要体现在两个方面:第一,出现了大量对卡斯特著作的评论,其中不乏吉登斯等学术界巨匠的评论;第二,就是对卡斯特网络社会理论及其相关概念专门研究的著作,比较集中的有加拿大技术哲学家达林·巴利(Barney)和英国学者弗兰克·韦伯斯特(Frank Webster)的研究著作。达林·巴利的 *The Network Society* 主要从网络技术应用实践带来的广泛政治制度和经济影响出发,间接地考察了卡斯特的"网络""网络政治""网络企业""政治认同"的概念[②]。弗兰克·韦伯斯特《信息社会理论》(第3版)主要将卡斯特网络社会理论置于贝尔、吉登斯、哈贝马斯及席勒等信息社会相关的理论脉络中,对卡斯特网络社会理论核心论述进行了批判性的解读,借以探讨信息社会本质[③]。菲利克斯·斯塔尔德(Stalder Felix)的 *The Network Theory of Manuel Castells* 是对卡斯特的网络社会理论第一个较完整的研究。斯塔尔德从卡斯特网络社会理论的基础、生产、经验、网络国家和信息政治、流动空间和网络逻辑的角度对卡斯特理论进行了批判研究,并阐释了卡斯特方法论的转向[④]。

国外对卡斯特网络社会理论的研究,除系统地介绍和评述之外,首要的就

---

① 杨光影.卡斯特网络社会理论视域下的作家身份认同[J].文艺理论,2015:38-42;徐忆,宁云中.卡斯特尔的网络空间理论与"超文本"文学表征[J].求索,2013(1):168-170;李楠.文学作品进入网络空间后:从卡斯特尔《网络社会的崛起》说起[J].博览群书,2016(10):86-88.

② Barney D. The Network Society[M]. Cambridge: Polity Press, 2004.

③ Webster F. Theories of the Information Society [M]. 3th ed. New York: Routledge, 2006.

④ Felix S. The Network Theory of Manuel Castells[M]. Cambridge: Polity Press, 2005.

是对"网络"相关概念的研究。芬兰学者 Ari-Veikko Anttiroik 对卡斯特网络社会理论中的"网络"集中从概念的层次对其源流、特征及其相关领域的应用做了深入研究,认为卡斯特的网络概念是一个隐喻性的概念,并不是一个分析性的概念[①]。这和英国学者尼古拉斯·盖恩(Nicholas Gane)在 *New Media: The Key Concepts* 一书中将卡斯特的"网络"概念放置在同社会网络分析理论与行动者网络理论的比较视野中去探讨,得到的结论基本一致[②]。该部分涉及的研究和学者众多。除此之外,还有学者对卡斯特的信息主义、流动空间和时间等核心理论进行了详细的考察,因本书主要集中于对卡斯特传播和媒体相关内容的研究,故只择要展开分析。

3. 从媒介文化、权力和传播的角度对卡斯特的研究

卡斯特对传播的关注主要是从"信息时代三部曲"开始的,当时仅仅是从技术经济角度对媒体进行分析(并不占主导地位),也涉及部分空间、时间变化和虚拟文化的问题,直到《传播权力》一书,卡斯特才主要转向了以传播、权力为中心的分析范式。故学界对卡斯特媒介和传播相关思想的关注,也是始于"信息时代三部曲"。

首先,涉及对卡斯特媒体或传播内容研究相关的重要著作,本书整理如表1.2所示。

表 1.2 与卡斯特媒体或者传播内容相关的重要著作统计表

年份	著作	出版信息	研究要点	备注
2006	Cyber Culture Theorists: Manuel Castells and Donna Haraway	David Bell/London: Routledge.	将卡斯特和哈拉维的理论放在赛博文化的框架下述评并比较研究,对卡斯特真实虚拟、互联网文化内容研究比较深入	

---

① Anttiroiko A V. Networks in Manuel Castells' theory of the Network Society [J]. Mpra Paper, 2015:1-36; Castells' Network Concept and Its Connections to Social, Economic and Political Network Analyses [J]. Journal of Social Structure, 2015(7):1-18.

② Gane N, Beer D. New Media: The Key Concepts[M]. Oxford: Berg, 2008.

续表

年份	著作	出版信息	研究要点	备注
2006	Understanding Media Cultures (2nd)	STEVENSON, N. /Sage Publications Ltd, London, UK.	将卡斯特媒介文化理论放置在批判理论脉络下去阐述，属于对卡斯特媒介文化比较研究著作	媒介的转型(北京大学出版社，2006)
2008	传播思想	Bernard Miège, 译者: 陈蕴敏	将对卡斯特网络社会理论技术决定论和信息与传播复杂性的忽视以及过高估计网络作用的结构主义倾向进行了简单批判	
2008	New Media: The Key Concepts	Nicholas Gane/ New York, Berg Publishers	对卡斯特网络、网络社会概念和信息概念在概念层次进行了深入的研究	中译本为《新媒体：关键概念》
2009	传播理论史：一种社会学的视角	(法)麦格雷(éric Maigret)/刘芳/中国传媒大学	将卡斯特早期理论，如互联网技术和网络观放置在早期乌托邦的脉络中去批判，强调卡斯特的技术决定论	
2011	Castells and the Media	Philip Howard/ Cambridge. Polity Press	对卡斯特与传播研究相对集中的著作，主要是将其放置在网络社会理论、媒介政治与权力、网络经济和文化产业以及媒介规制的角度去实证研究，但相对较浅显，不够深入	
2011	Understanding Digital Culture	V Miller/ SAGE Publications Ltd	针对卡斯特网络社会思想，从数字文化的角度进行述评	中译本为《数字文化精粹》

这些著作，除部分传播学著作对卡斯特的定位之外，我们主要是从媒介技术、文化的角度对卡斯特理论进行研究和介绍的。

其次,针对卡斯特传播和媒介思想的具体研究,主要是从媒介技术与社会、媒介文化、传播权力角度展开的,以权力角度研究居多。

澳大利亚新闻学者布雷特·哈金斯(Brett Hutchins)的 *Castells, Regional News Media and the Information Age* 一文主要是在卡斯特网络社会理论中"流动空间与地方空间的张力下"对信息时代地方新闻媒体的定位进行了探讨,通过对地方新闻记者的深度访谈,并讨论了正在兴起的全球数字技术对地区新闻生产的影响[1],该文属于卡斯特网络社会理论在新闻领域的应用研究,对卡斯特媒体理论本身关注不多。

2005年Rantanen发表了 *The Message is the Medium: An Interview with Manuel Castells*,属于对卡斯特(虽然是借其本人之口)传播相关研究阐述比较早且系统的成果之一。访谈中,对卡斯特以权力和传播为中心的主题进行了探讨,阐发了卡斯特传播思想逐渐受到重视的原因,就其与英尼斯、麦克卢汉乃至艾柯等人的渊源,卡斯特网络社会理论对传播影响进行了归纳,并探讨了网络社会研究克服西方中心的多元文化主义特点[2]。2007年韩国学者金明俊(김명준)发表的 *Manuel Castells' Theories of the "Network Society" and Its Implications on Communication Studies*,探讨了卡斯特全球网络社会理论及其对传播研究的影响,强调网络社会带来的三个因素:信息主义、认同革命、技术发展,并讨论了黑客文化中的"自由主义"所引发的"网络个人主义",作者认为"国家主义的衰落和多元化的兴起是网络社会的主要特征,还指出了世纪之交在世界各地涌现的横向互动传播系统的重要性,这是社会结构和文化转变的基础"[3]。英国传播学者斯图亚特·艾伦(Stuart Allan)的论文 *Citizen Journalism and the Rise of "Mass Self-Communication"*,主要是应用卡斯特"大众自传播"模式对网络社会公民新闻的案例研究,通过将卡斯特"大众自传播"模式运用到2005年7月的伦敦爆炸事件,讨论了普通伦敦人的"目击者报道"如何通过自我审查报道爆炸事件,开展评论,"重写主流新闻报道的惯例,以

---

[1] Castells, Regional News Media and the Information Age[J]. Hutchins. Continuum, 2004, 18(4): 577-590.

[2] Rantanen T. The Message is the Mediu: An Interview with Manuel Castells[J]. Global Media and Communication, 2004, 1(2): 137.

[3] 김명준. Manuel Castells' Theories of the "Network Society" and Its Implications on Communication Studies[J]. Korean Journal of Journalism & Communication Studies, 2007, 51(2): 283-307.

及这个过程是通过使用数字技术在国家危机时期带来另类信息、观点和意识形态批评的"。①

芬兰学者马尔科·安普亚（Marko Ampuja）在 *Globalization Theory, Media-Centrism and Neoliberalism: A Critique of Recent Intellectual Trends* 一文中,从媒体与传播的角度来看,将卡斯特和阿尔君·阿帕杜莱（Arjun Appadurai）以媒介技术为中心的全球化理论进行了对比。对二者对新媒体技术的过度关注,缺乏政治经济分析做了批判,对他们理论的新自由主义政治影响做了探讨②。

2007年之后,当卡斯特将研究集中在传播权力相关主题后,学界对卡斯特传播与媒介的研究的关注,主要从权力的角度并出现了较多成果,典型的有：达芙妮·德高娜（Daphne Drogona）在 *The Power of Count Power*（2013）一文中,主要借助卡斯特、亚历山大·加洛韦（Alexander Galloway）、尤金·塔克（Eugene Thacker）和乔治·阿甘本（Giorgio Agamben）的理论方法来考察网络中的权力和抵抗,对比了卡斯特的权力与反权力理论与Galloway 和 Thacker 的"协议与反协议"理论,认为无论何种权力,都是要在网络结构中竞争与发展起来③。英国批判传播学者克里斯蒂安·富克斯（Christian, Fuchs）的 *Power in the Age of Social Media*,从韦伯、福柯、哈贝马斯、吉登斯、卡斯特及卢曼的权力观发展脉络出发,对"主观权力"和"客观权力"的观点提出了批判,并试图建立社交媒体时代权力的辩证理论,重点对卡斯特媒体、传播和权力观点进行批判,指出卡斯特权力思想缺乏社会理论特质的缺点,并在此基础上提出了他自己的社交媒体时代权力的观点。

大卫·马修（David Matthew）等人在 *Castells, "Murdochisation", Economic Counter-Power and Live-Streaming* 一文中,主要针对卡斯特权力中的"默多克化"现象及"反权力"概念,在数字体育直播领域进行了研究,认为卡斯特提出的"反权力"主要集中在反抗文化和政治上,而此文则是在经济权力角

---

① Allan S. Citizen Journalism and the Rise of Mass Self-Communication: Reporting the London Bombings[J]. Global Media Journal Australian Edition, 2012(1):1-20.
② Ampuja M. Globalization Theory, Media-Centrism and Neoliberalism: A Critique of Recent Intellectual Trends[J]. Critical Sociology, 2011,38(2): 281-301.
③ Drogona D. Uncertainty Reloaded [C]. Digicult, 2013:74.

度进行的全新研究,拓宽了卡斯特网络权力的研究范围[①]。

1.3 研究方法与难点

1.3.1 研究方法

1. 比较研究方法

比较研究方法是通过对事物异同比较,通过分析来揭示事物本质和规律的研究方法。采用比较,可以依据一定标准或凭以往经验、教训把彼此有某种联系的事物加以对照,从而确定事物的异同之处、区别与联系,进而把握事物本质和规律。本书的比较研究方法主要集中在以下三点:

首先,卡斯特思想本身经历了六次研究转型,通过比较卡斯特在不同阶段、不同范式的研究,可以发现卡斯特思想的成长路径,有利于全面把握卡斯特思想。

其次,卡斯特对媒介和传播的研究也是经历了一个发展演变过程,比如,在《网络社会的崛起》中展现的媒介和传播研究思想,可能是一个不太重要的主题,但在《传播权力》一书中则演变为以媒介和传播为中心的分析,更加丰富和完善,当然也有很多修正。通过这种比较,我们可以发现卡斯特传播研究的特质,对其思想做出实事求是的具体分析。

最后,通过卡斯特媒介思想与麦克卢汉等人媒介环境学派比较,则能够发现卡斯特对后者的继承与超越。尤其是网络观,卡斯特网络思想与同期美国的网络分析学者巴里·威尔曼(Barry Wellman)和哈里森·怀特(Harrison White)等人的社会网络分析(Social Network Analysis)比较,虽然都是研究网络,但理论与分析方法截然不同,通过比较分析能够对卡斯特网络理论独特的

---

① Fuchs C S. Power in the Age of Social Media[J]. Heathwood Journal of Critical Theory,2015,1(1):1-29.

视角和方法论贡献做出实证的评价和总结。

2. 历史研究方法

卡斯特的传播思想本身即是在过去30年发展和当前历史现实趋势判断的基础上，对传播在当代网络社会和政治权力中作用的诠释，思想进化的轨迹清晰明了。卡斯特的传播研究中有三分之一体量是对传播（媒介技术）与社会文明发展、网络社会媒介生态的变迁、互联网发展历史进行的详细考察，其思想的意义不亚于一个世纪前德国史学巨匠施宾格勒所奉献的《西方的没落》，以及社会学家马克思·韦伯的《经济与社会》等巨著对工业社会发展的揭示，包括吉登斯论述全球化社会所产生的影响。

本书所采取的历史研究方法，主要集中在以下三点：研究卡斯特传播思想产生与发展的历史背景、对卡斯特传播思想进行历史定位以及在卡斯特传播思想具体范畴中研究其媒介历史观。通过运用历史分析方法，剖析其思想产生的时代背景、思想背景，从而对卡斯特传播思想进行深入研究。通过思想史具体研究方法的引入，来关注卡斯特传播相关思想的产生和演化，其概念体系的发展与欧美社会学、传播学学术传统的承续与创新，从而概括出卡斯特的传播思想特点。

3. 文本分析方法

文本分析研究法是本书采用的又一种重要研究方法，主要是通过对大量历史资料和现实文献进行深入解读、详细分析，从而归纳出对研究对象规律性认识的研究方法。本书将曼纽尔·卡斯特本人的著作（主要是涉及传播思想和相关主题）及访谈记录、国内外学者对卡斯特思想或特定著作之相关研究、评述、国内外学者关于卡斯特网络、传播、权力之相关研究著作、论文和其他散见于学术刊物之中相关论述等文本和文献资料作为资料来源和研究对象，以此作为曼纽尔·卡斯特传播思想立论的基础。通过对这些文献资料做全面、深入的解读和分析，做出客观、系统的描述，推敲其历史渊源以及对后世的影响，提供研究主题可运用的材料。

我们可以从两个方面来理解卡斯特在其著作、访谈和演讲中对传播和权力相关主题的论述。

一方面，根据文本分析方法，将卡斯特对"网络、传播及权力"的论述放回到卡斯特著作原文中去理解，这就要求研究者熟悉卡斯特一生学术生涯演变和相关论述的理论背景、历史背景以及作者在当时历史条件下的写作目的等等；另一方面，就是要在曼纽尔·卡斯特整体思想的框架下来理解其对传播相关问题的理解。

4. 批判诠释学方法

"诠释学"源自 17 世纪以后神学哲学家，学者史莱尔马赫（Friedrich Schleiermacher）其认为有建立一般诠释学之必要，使诠释学之理论与方法可以普遍适用于神学以外之哲学、艺术、文学及法学等不同领域。史莱尔马赫的诠释学主要以"理解（Verstehen）"为中心，并以"文本（Texte）"为基，"理解"的目的在于重现"文本"的"原创性"，诠释者必须彻底了解文本之个别部分，并在该文本之整体关联性中重组意义；因此，诠释者在重组文本之际，必须同时注意文字之关联及原作者内心之观点，自此两层面建构"解释准则"。因此，在认识论意义上，批判诠释学为我们提供了一种方法，凭借这种方法，我们可以对于我们的存在条件，以及塑造这种条件的衍生性主题进行探索①。

本书旨在探析卡斯特传播思想，除了必须理解其理论的历史渊源及社会脉络，还需要进行批判式的诠释解读，才能反思其局限、彰显其思想的内在价值。

1.3.2 研究难点

本书主要面临以下难点：

一是语言的障碍。本书的研究对象是著名社会学家曼纽尔·卡斯特的传播思想。就卡斯特自身著作原始资料而言，卡斯特是西班牙人，在法国完成学术积累，在美国完成学术扩散，其研究一开始是使用法语和西班牙语，早期著作依赖法语英译才得以扩散，后期多是英语和西班牙语写作，截至 2023 年翻译成汉语的不到十分之一（姑且不算翻译错漏），这都是语言造成的障碍。除卡斯特自身文献巨量之外，其作品在全球被广泛阐释和研究，仅其"信息时代三部曲"就被翻译成 20 多种文字，在各个国家广泛流传，更别提对其研究和评论的文献

---

① 诺曼·邓津,伊冯娜·林肯. 定性研究:方法论基础[M]. 风笑天,译. 重庆:重庆大学出版社,2007:309.

了。据本书初步统计,对卡斯特阐释和评论的大量文献集中在除英语和西班牙语之外,还有韩语、日语、意大利语、德语、罗马尼亚语、俄语、阿拉伯语及非洲国家语言。大量的法语、西班牙语和英语文献使本书面临巨大的翻译和解读工作量。本人对法语和西班牙语文献只能了解皮毛,对那些小语种只能付之阙如,这严重影响了对卡斯特思想和研究的全面了解。

二是资料收集困难。卡斯特属于极勤奋的学者,每天工作16个小时,撰写了数百篇论文,独著目前近30本,还有大量的合作著作。除部分著作、论文能够检索之外,大量散见于报刊和报告中的文献,查找起来非常困难,加之大量不同语言的研究文献,除了互联网能够得到部分,少数只能委托同学复印之外,大量的文献缺失只能望"题"兴叹。

三是卡斯特本身概念和理论的模糊性带来的解读困难。卡斯特对概念和理论的态度是"不主张交代概念源头和不愿过多就理论讨论理论,而是直接使用",这种理论的工具性观点导致对其思想和概念研究追本溯源只能是苦力活。甚至他对诸如"信息""网络""传播"等在其理论中居于核心地位概念的界定也不是很清晰,使用起来也是非常随意,这造成本书在研究过程中对卡斯特文献的阅读和文本分析时理解起来较为不易,势必会导致对其部分思想研究内容分析的"错位"。

1.4 研究思路与创新

1.4.1 研究思路

卡斯特在过去60多年学术生涯中(1960—2017年)研究范式发生了六次大的转移,其研究视野宏大,几乎搜集了全世界所有地区的信息和资料,内容几乎无所不包。在卡斯特完成网络社会之后,因为要对全球权力结构变迁进行考察,传播、文化与权力主题占据其后期研究核心。卡斯特的传播思想和传播研究是以网络为核心,以信息传播技术和社会经济文化相互影响为突破,将社会理论与传播理论综合起来的跨文化和跨学科研究,其分析范式涉及媒介研究、文化研究、技术经济分析、政治经济学和微观神经生理、心理学分析。这就决定了本书要涉及社会学、心理学、媒介分析和文化研究等众多学科理论，对卡斯特传播思想进行梳理和分析，并结合中国具体情况来探讨其思想的启示意义。

本书将同时采用历时研究与共时研究，主要是在网络社会理论的宏大视域下，从卡斯特传播媒介观、传播文化观、传播权力观三个角度对卡斯特传播思想进行具体的框架性阐述，并就其各个时期的思想侧重点做出分析，归纳其传播思想的演化及特点。当然，本书不是为研究卡斯特思想而研究，希望在研究的基础上能为国内的传播、媒介权力和网络社会研究主题提供更多的借鉴。因此，本书更多倾向于价值研究，即"先阐述问题，再厘清问题，最后评定价值"的思路，试图揭示卡斯特传播思想的丰富内涵和深远意义。

鉴于国内对卡斯特传播和媒介方面的相关研究比较欠缺，本书在撰写过程中主要强调一手外文资料搜集，尽量采取广博的态度和多元视角，多方涉猎，占有研究资料。通过图书馆借阅、购买图书、互联网信息查阅等方式获取卡斯特理论研究文献和关于卡斯特研究的国内外最新动态。同时加以整理、归纳、分析、总结，作为卡斯特传播思想定性分析的参考资料，确定本书核心方法与理论依据，形成完备的资料佐证和论证。由于对卡斯特传播思想的探讨还属于初探阶段，且卡斯特本人的学术成果还继续以高产态势在增加（卡斯特至今仍保持旺盛的学术激情，在本书初稿付梓的 2017 年底，又出版了 2 本新著，再版了之前的数部经典作品）。因此，本书试图在对资料进行详细爬梳和准确评估的基础上，从多个角度对卡斯特的传播思想进行深入分析与阐发，以求为卡斯特的传播思想和相关研究提供一定的借鉴。

随着传播学的发展，国内外对卡斯特研究的知识成果不断涌现，未来对卡斯特的研究也将不断充实和完善。

1.4.2 研究创新

本书的主要创新点如下：

（1）对卡斯特传播思想进行相对全面、系统的研究。根据前文国内外研究的状况可见，涉及卡斯特传播思想的研究不少，但大多是零散、不系统的，多是在其他研究中旁涉的，有关论述大多是蜻蜓点水，缺乏系统、全面的整理和定位。本书则是从传播媒介观、传播文化观和传播权力观的角度和方法论评析方面进行系统分析和探讨,并试图回答学者提出的"卡斯特等人如何将社会理论与传播理论融合"的研究困惑。

(2) 深入对卡斯特的传播媒介观进行分析,理解麦克卢汉为核心的媒介技术理论和卡斯特的媒介技术分析之间的关系。早在20世纪六七十年代麦克卢汉就提出了诸多预言式的媒介理论,对电力时代的媒介进行分析,并对始于60年代之后的媒介革命做了预测。30年后,卡斯特在麦氏的启示下对当代网络社会趋势做出了卓越分析——其研究几乎搜集了全世界所有地区的信息和资料,对这场划时代变革进行了最为广泛的和多层次的分析。相距30年,两种截然不同的研究方法,使得这两位学者的思想有着很大的区别。尽管如此,两种思想之间仍有重要关联,本书对二者进行了详细对比和深入分析,这必将推动卡斯特研究的深入。

(3) 深入分析了卡斯特传播权力思想,主要从卡斯特权力思想的谱系、传播权力概念内涵、传播与权力关系、网络中权力的结构分析及权力与思想框架机制的阐释,来深入理解卡斯特传播权力思想。

此外,本书还对卡斯特"网络"概念内涵的历史发展进行了较为系统的梳理。该概念目前在国内只有评述和引用,此前并无专门分析。

第 2 章 卡斯特生平和思想背景[①]

2.1 卡斯特生平历程

曼纽尔·卡斯特(Manuel Castells Oliván),1942 年出生于西班牙的阿尔瓦塞特省艾林的一个保守家庭[②]。他的父亲(Fernando de Castells Asdriaenses)来自拉伦西亚,是一个公务员。卡斯特童年大多数时间是在巴伦西亚和巴塞罗那(西班牙 Catalunya 首府)各省之间度过的[③],后因父亲工作调动,他随家庭辗转各地。

在 16 岁那年,他在巴塞罗那开始了大学生活;1958 年至 1962 年,卡斯特最初致力于学习法律与经济。但当时西班牙正处于独裁者佛朗科军政权统治的阴影之下,同周围的其他青年一样,他积极参加反对佛朗哥独裁的激进运动。

[①] 关于卡斯特生平参考资料,本书主要参考:(1)卡斯特两个官方网站:一个是他在南加利福尼亚大学安嫩伯格传播学院的传播与新闻的专业网站上(http://annenberg.usc.edu/Faculty/Communication%20and%20Journalism/CastellsM.aspx),而另一个是他的作品和成果网站,由加泰罗尼亚开放大学和西班牙电信资助,可在 http://www.manuelcastells.info/es/index.html 上查看;(2)卡斯特访谈和自述资料,主要集中在马汀·殷斯:《与柯司特对话》,王志弘、徐苔玲译;卡斯特的霍尔贝格获奖采访,http://www.holbergprisen.no/en/manuel-castells/interview.html 及学术自述:《A Sociology of Power:My Intellectual Journey》;(3)卡斯特在各个时期著作和文章中提及的生平内容;(4)国内外对卡斯特研究资料,诸如夏铸九教授对卡斯特"三部曲"的译者序,南京大学 2013 届牛俊伟的博士论文《城市中的问题与问题中的城市》第 10~17 页的综述;Keith Dowding 编纂的《Encyclopedia of Power》第 92 页卡斯特部分资料。

[②] 在某种意义上,卡斯特出生于西班牙南部拉曼查地区是一场巧合,因为他父亲暂时驻扎在那。

[③] 但卡斯特对 Catalunya 认同感比较强,一直坚称自己为 Catalunya 人,对 Catalunya 民族自治大力支持,其研究传统中也有对 Catalunya 社会学传统的坚持,参见《与柯司特对话》。

在此期间,卡斯特阅读了大量的历史、政治和马克思主义书籍,志业成为律师,想以此来捍卫工人的权利和社会正义①。但在二十岁那年,佛朗哥的独裁统治缩紧,因其积极参加青年学生罢课并与矿工罢工联合集体抗议政府,卡斯特被驱逐,学业中断流亡到法国。

他于 1964 年在法国重新开始了学业,在巴黎大学获得法律与政治经济学硕士学位。在这个时候,他遇到了法国社会学家阿兰·图海纳(Alain Touraine),后者对其一生影响巨大,卡斯特称其为自己的"学术之父"。图海纳除了指导卡斯特完成博士论文之外,还在他重要的学术转折、人生危难和关键抉择之际多次鼎力相助,使其渡过难关。图海纳的学术思想深深影响了卡斯特。在图海纳的帮助下,卡斯特兼任巴黎高等实践学院工业研究室研究员,并继续深造,并于 1965 年和 1966 年分别在巴黎大学社会科学院获得社会学学位,在巴黎大学的巴黎高等实践研究院获得社会学硕士学位,之后更是在图海纳的直接指导下,卡斯特克服了重重困难,半工半读,于 1967 年取得了巴黎大学社会学博士学位。

在完成学位的同时,卡斯特还于 1965 年至 1967 年在巴黎高等研究实验学院的工业社会学实验室兼任研究员,之后(1967 年至 1969 年),他在巴黎大学(南泰尔校区)担任社会学助教。当时该校聚集了诸如列斐伏尔、鲍德里亚、卡多索等社会学巨匠。这些人后来成为其重要的学术伙伴,对卡斯特后期思想产生了深远影响。

但对卡斯特而言,投身于激进的政治活动是其挥之不去的情结。据说,他的课堂是 1968 年 5 月法国学生运动动员的重要聚集场所,他的学生丹尼尔·科恩本迪便是法国"五月风暴"的学生领袖,卡斯特深度卷入这次学生运动中,此次运动精神的烙印也深深篆刻在其理论谱系中。正因如此,他被法国政府驱逐,流亡日内瓦,这是卡斯特人生中第二次被流放,但旋即在图海纳的帮助下,获得了在智利的一个联合国项目。由于签证只能半年短签,所以 1970—1973 年,他开始了巴黎和日内瓦之间的双城生活②,期间他还应费尔南多·卡多佐(当时是大学教授,后来成为巴西总统)邀请短暂奔赴巴西,但仅仅几个月不到

---

① 柯司特,殷斯. 与柯司特对话[M]. 王志弘,徐苔玲,译. 台北:巨流图书有限公司,2006:10.
② 柯司特,殷斯. 与柯司特对话[M]. 王志弘,徐苔玲,译. 台北:巨流图书有限公司,2006:15.

就被巴西军政府驱逐,虽然是象征性的,但这是其第三次流亡[①],卡斯特于1969年至1970年离开巴西远赴加拿大蒙特利尔大学担任社会学助教一职,这一时期很短暂,不久他就被导师召回(导师说服法国政府原谅了他)。在智利和巴黎之间奔波之时,智利成为卡斯特重要研究对象,同时他也积极参与了智利阿连德的民主社会主义政治实验,但好景不长,1973年皮诺切特军事政变后上台,导致卡斯特第四次流亡(他自己对外一般说是三次,可能是巴西那次在他而言只算驱逐)。

1970年至1979年,卡斯特再次回到法国大学担任社会学副教授,同时在法国巴黎高等社会研究学院担任城市社会学研究室主任。这十年,卡斯特进入其学术成果的第一个高产期:他出版了一系列城市社会学著作,奠定了其城市社会学领域的国际地位,使其位列"城市社会学三剑客"之一。1979年任期满之后,卡斯特收到美国加州大学的邀请,决定移居美国,这也正是卡斯特心之所向[②],至此,卡斯特开始进入世界学术中心。1979年至2003年,卡斯特担任加州大学伯克利分校的城市与区域规划学教授、社会学教授,兼任包括教学、研究以及管理多项工作,这让他与伯克利大学中许多不同的研究中心和学院关系良好,而这些机构主要致力于西欧、斯拉夫和东欧研究以及东南亚研究,塑造了卡斯特研究的多元主义和宽广的视野。1996年前后,卡斯特在承受两次癌症病痛手术之后,以为自己时日不多,便争分夺秒地加紧写作并出版了"信息时代三部曲"——这部多达1500多页的巨著让其蜚声世界(被翻译成20多个国家版本,并在各国拥有众多阐述者)。

除此之外,卡斯特还将自己在伯克利的工作与马德里自治大学(1988—1993年)的社会学教授和社会学新技术学院主任的职位,以及他在巴塞罗那科学研究理事会研究教授的职位(1997年)结合起来,共同促进了他的研究工作。2003年,卡斯特在退休之后,进入南加州大学安南博格传播学院,担任主任,同时亦先后在四所不同的机构兼任研究主任、教授、名誉教授,如剑桥大学、南加州大学、加泰罗尼亚开放大学以及加州大学伯克利分校。

---

① 柯司特,殷斯. 与柯司特对话[M]. 王志弘,徐苔玲,译. 台北:巨流图书有限公司,2006:15.
② 柯司特,殷斯. 与柯司特对话[M]. 王志弘,徐苔玲,译. 台北:巨流图书有限公司,2006:17.

2.2　卡斯特研究主题和学术思想分期

综上，我们简单梳理了卡斯特生活和学术经历的大致谱系，他早期学习生涯主要是在西班牙和法国完成的，先是学习经济和法律，之后在法国转向社会学、政治学，而城市社会学的研究让他在法国一炮走红[①]。卡斯特在法国完成早期学术训练和积累之后，于1979年奔向世界学术中心——美国，从城市社会学转向信息经济与社会的研究，随着《信息化城市》(1983)和"信息时代三部曲"(1996)的出版，将卡斯特推向世界。但卡斯特在其后期研究过程中愈发认识到传播的重要性，乃至在2000年退休之后，欣然接受南加州大学传播系主任职位的邀请，转向传播研究。经过近十年的耕耘，他出版了《传播权力》(*Communication Power*, 2009)一书，这奠定其国际著名传播学学家的地位。

他最初的学习经历前文已述，从经济与法律学开始，之后通过社会学、政治学科不断变换。对此，卡斯特自己也指出，"当有些事情对我而言很重要，而我却不能理解，我就会成为这一领域的专家，我成为该领域专家只为学习"[②]。所以其整个研究生涯中，研究方向和领域也发生了六次变化。[③]

2.2.1　早期生涯：学术与志业的奠定

早期卡斯特在西班牙学习法律与经济学。第一次流亡后，卡斯特以政治难民的身份获得了法国政府的一笔补助金，在巴黎第一大学（巴黎索邦大学）最初学习的也是法律与政治经济学，因对西班牙在法国的流亡团体的政治斗争失望，他从激进行动者转向了学术研究，而这便奠定了他一生学术事业的基础。在其攻读学位和从事研究的初期，卡斯特对工人阶级进行社会学分析颇有兴趣。共同的兴趣，使他与法国著名的社会学家阿兰·图海纳（Alain Touraine）

---

①　柯司特,殷斯. 与柯司特对话[M]. 王志弘,徐苔玲,译. 台北:巨流图书有限公司,2006:16.
②　柯司特,殷斯. 与柯司特对话[M]. 王志弘,徐苔玲,译. 台北:巨流图书有限公司,2006:20.
③　Castells M. A Sociology of Power: My Intellectual Journey[J]. Annual Review of Sociology,2016, 42(1):2.

教授相遇,图海纳后来成为卡斯特的博士导师,并在卡斯特人生几次危机和转折中救助和帮扶,对他产生了深远影响。但卡斯特在研究生涯初期,更多的还是一位马克思主义者,这和图海纳还是有分歧的,卡斯特最初遵循马克思主义学术路径,是因为他觉得通过马克思主义能够跟当时的现实政治变化建立对话。但事与愿违,卡斯特在流亡的困苦中,在导师的半强迫下完成的却是一项城市社会学的研究①。他在巴黎大学的博士论文是关于"在巴黎市区的工业企业的地理位置影响因素的分析",那是一份对1500家公司分析的统计模型,并且他还指出"没有比这个更具体的统计了",他发现了一些高科技企业在布局上的特定模式,这影响卡斯特后期尊重经验数据的实证研究风格,也意外将其引入城市社会学研究的大门,奠定了卡斯特此后学术崛起的基础①。

2.2.2 学术生涯第一阶段:城市、社会和马克思主义

卡斯特最初是想从事"劳工阶级的社会学研究",但被阿兰·图海纳否定。但这个主题在卡斯特完成博士论文前后,并未放弃。其早期学术研究对象虽然多变,但都是以马克思主义的理论为参照,以城市社会学为背景,在资本主义和社会运动的结构分析之上回应资本主义社会的矛盾。马克思主义视角,使卡斯特将阶级和阶级斗争放在理论的核心,分析社会运动在城市转型中所扮演的角色。卡斯特的第一部著作《城市问题:马克思主义的方法》,即是将实证研究与马克思主义理论(阿尔都塞的结构马克思主义)、城市社会学和阿兰·图海纳新社会运动结合,开始了系统的新马克思主义城市社会学理论建构。1972年该书以法文出版(尽管其于1968年在重新创立的《劳动社会学》杂志上早已以法语出版过),在全世界出版了几十个版本,被翻译成十几个国家的文字,其中英文版于1977年出版,产生了空前的影响。

在1979年,卡斯特37岁时来到美国,进入加州大学伯克利分校任城市社会学教授。这时卡斯特的学术兴趣开始转移,这并不是偶然,他开始追求他的智力激情,研究社会运动。②

---

① 柯司特,殷斯. 与柯司特对话[M]. 王志弘,徐苔玲,译. 台北:巨流图书有限公司,2006:13.
② Castells M, Murphy K. A Culture Identity and Urban Structure: The Spatial Organization of San Francisco's Gay Community[M]//Fainstein N, Fainstein S. Urban Policy under Capitalism. Beverly Hills: Sage Publications, 1982:37-259.

1983年,卡斯特出版了著作《城市与草根》(*City and the Grassroots*),标志着这一时期研究高潮的到来,卡斯特也认为这是他非常好的实证研究成果之一。在这本书中,卡斯特以城市历史和城市居民的政治行动为背景,系统实证研究了西班牙、中南美洲、法国和美国的各种新社会运动,并从行动出发,分析了这些城市社会运动的主题与城市社会变迁的逻辑关联。从这本书开始,卡斯特的城市研究从纯经济分析转向了文化层面,从结构马克思主义向经验和实证研究转变。同时,卡斯特作为激进改革者的声誉、他的城市政治经济分析在城市研究者中也开始广为人知。但他对马克思主义的依赖却在此时开始下降,到80年代末已基本淡化[①]。

除此之外,卡斯特对城市社会学的贡献还表现在引入了"集体消费"概念,卡斯特将自己视为20世纪70年代的"新城市社会学"[②]的倡导者,在这个学派中"权力-冲突-政治"并非只是受空间限制的形式而是主要问题。亨利·列斐伏尔(Henry Lefevre)和戴维·哈维(David Harvey)都是这个学派中的重要人物,他们都带有芝加哥学派对"城市一体化"的印记。这一时期卡斯特重要的作品包括《社会学问题调查》(1971)、《城市问题》(1972,法语)、《城市、阶级、权力文集》(1978)、《城市危机和社会变化》(1981)以及《城市和草根:城市社会运动的跨文化理论》(1983,英文)。1983年,在城市社会运动领域耕耘十年之后,卡斯特学术兴趣再一次转型。他对城市生活方式、城市规划、城市结构、行业区域和组织的关注以及对城市、城市运动和权力结构等问题的研究让他对拉丁美洲和亚洲的社会和经济发展颇有兴趣。我们也能从他的诸多访谈和回忆中追踪到他对全球化研究的逐渐展开及其对出现新挑战跃跃欲试的回应。而在其中,以美国所引领的全球城市和社会发展趋势正在信息与传播技术(ICTs)飞速发展中转型。他后来说,当时他觉得"欧洲信息技术革命的规模尚未得到大西洋对岸的理解,我决定研究技术、经济和社会之间关系,以及城市结构在其中如何

---

① Rantanen T. The Message is the Mediu: An Interview with Manuel Castells[J]. Global Media and Communication,2004,1(2):137.

② 2012年卡斯特获霍尔贝格奖采访[EB/OL]. http://www.holbergprisen.no/en/manuel-castells/interview.html.

转型"①。之后,定居美国的卡斯特得以零距离观察和研究正在发生电子和信息技术产业的革命,这深深影响了卡斯特后来的技术与社会分析路径。

2.2.3 学术生涯第二阶段:信息技术、经济与社会

当卡斯特将其在伯克利的优势,聚焦于新社会形态形成中的结构转变之时,就进入了其学术生涯的第二个重要阶段,他认为信息技术革命催生了一种新的社会结构,并将之定义为(全球)网络社会。

1989年,卡斯特出版了《信息化城市:信息技术、经济转型、城市区域进程》一书,并发表了一篇题为《城市运动和信息社会》的文章,二者被视为其第二次研究方向演化的标志。在其中,卡斯特提出了"流动空间"的概念,将其描述为"通过流动而运作的共享时间之社会实践的物质组织"②。从这一概念的描述中清晰可见他正从城市社会学领域转向世界全球化研究的新维度,而对信息传播技术的关注则成为其新研究和著作出版主题的分水岭。

这一阶段的高潮,是厚达1500页"信息时代三部曲"的出版,卡斯特是在经历两次癌症折磨,并幸运治疗成功后完成的。此后,卡斯特的研究距离马克思主义更远,后者在卡斯特的研究中逐渐退化成一个研究工具。卡斯特在"信息时代三部曲"中提出了以信息和传播技术及网络为核心的概念体系,诸如,"信息主义""网络社会""网络范式""信息政治""真实虚拟"等。同时,他将之前提出的"信息化社会"称为"网络社会",引入了几乎概括我们所生活世界的网络社会特点——"网络和自我"之间结构矛盾的宏大叙事。他自己也认为"三部曲"是其过去几十年思想发展的一个结晶,这些思想是建立在几乎搜集了全世界所有地区的信息和资料,对这场划时代变革进行了最为广泛和多层次分析基础之上的。"三部曲"的巨大成功,确立了卡斯特在全球领域成果被引用较多的社会理论家的地位③。

卡斯特的网络社会理论是建立在对信息社会诸理论演化脉络批判基础之上的。"三部曲"开篇,他就认为,在信息社会里,在知识层面论及信息和知识社

---

① Kreisler H. Identity and Change in the Network Society. Conversation with Manuel Castells: Institute of International Studies, UC Berkeley [EB/OL]. [2001-5-9]. http://globetrotter.berkeley.edu/people/Castells/castells-con0.html
② Castells M. A Sociology of Power:My Intellectual Journey[J]. Sociology,2016,42(1):2.
③ 柯司特,殷斯. 与柯司特对话[M]. 王志弘,徐苔玲,译. 台北:巨流图书有限公司,2006:18-20.

会是不正确的,一切人类社会都是以这二者为核心,只是根据特定的时间和场合以不同方式来处理它们。他更愿意说"信息化",也就是说,"依靠微电子支持及通过数字网络信息传播新技术系统的使用"。虽然网络作为一种组织形态,在人类历史中早已存在,但因新信息技术范式提供的物质基础,使它第一次能够在整个社会结构中渗透,"作为一种历史趋势,信息时代的支配功能与过程日益以网络组织起来。网络建构了新的社会形态,而"网络化逻辑"的扩散实质性地改变了生产、经验、权力与文化的运作和结果",一种新社会形态——网络社会正在形成①。

了解网络社会的背景需要回到政治、经济和资本主义社会的转型中去。卡斯特虽然努力撇清其研究与马克思主义的关系,但受马克思潜在影响,卡斯特反复强调网络社会是一个资本主义社会,而且在网络社会中,因为信息和传播技术的扩散,资本主义制度第一次得以在全球条件下运作。

卡斯特认为,信息与传播技术引发了全球社会一种实质性的变化,而这种变化同我们如何处理信息,如何传播(交流)休戚相关。因此以信息技术革命为中心,一场巨大的变革孕育了一种新的数字文化,此文化转型和技术变革的结合效应彻底改变了(全球)社会。信息技术革命,数字文化以及全球化都需要一个全新的研究视角。卡斯特较早地意识到这种结构性现象的重要性。唯其如此,他才能深刻阐释这样一种人类社会现在与将来的巨变。

当然,这一阶段除了"信息时代三部曲"之外,卡斯特还针对互联网研究在2001年出版了《互联网星系》一书,提出因特网并非一种信息体系,而是一种传播系统,是"网络的网络"。2004年出版了《网络社会:跨文化视角》,论文集主要针对网络社会在全球跨文化的个案研究,对互联网基础设施进行了广泛研究。

2.2.4 学术生涯第三阶段:传播权力与网络社会运动

在2003年卡斯特从加州大学伯克利分校退休后,又来到著名的南加州大学安南伯格传播学院担任主任和教授职务,在研究方向上再次转型——从之前只是对传播和媒介偶然关注转向了以传播和媒介为中心的分析,直至2009年

---

① 曼纽尔·卡斯特. 网络社会的崛起[M]. 夏铸九,等译. 北京:社会科学文献出版社,2006:434.

《传播权力》一书的出版最终奠定了卡斯特作为全球著名传播学学者的地位。虽然目前卡斯特在传播学领域的国际引文被引次数居全球首位（截至2014年），但因为其传播权力研究比较新，2018年被译介到中国，所以远未完全显示出其影响力。卡斯特在《传播权力》一书中采用的是以传播为中心的分析范式，主要是在社会结构和权力结构变迁基础上的传播研究。

2016年，一篇卡斯特权力思想和研究历程自述文章中提及（这种提法实际上此前也多次在其访谈中出现），"权力一直是我研究反复出现的主题和理论建构的焦点"，这是卡斯特学术生涯发展的主线。但在"信息时代三部曲"之前，卡斯特未能发展出独立的权力理论，原因首先是技术与社会问题纷繁复杂，他认为自己原来的方法无法专注于权力；另外一个原因就是"三部曲"在撰写过程中，卡斯特因两次癌症病危，"三部曲"的研究不得不戛然而止，加速出版[①]。卡斯特在《传播权力》开篇即阐明："虽然我原来的方法没有专注于权力，但它作为最终必须回答的基本问题，总是在我的脑海里（萦绕），预示着我以后发展权力在传播权力方向的理论"。他指出，"权力是构建社会规则的模型"，并将权力定义为"能够使一个社会行动体非对称地以有助于其行为的意志、兴趣和价值的方式来影响其他社会行动者的决定的关系的能力"[②]。卡斯特认为，"权力的施行主要依赖胁迫（Coercion）和说服（Persuasion）两种形式。强迫通过制定和施行法律以及命令的国家机构实行。说服则是在权力的话语中的意义建构，这种权力产生于多样的文化机制（类似于福柯的规训的权力，亦即话语的权力）"。这种权力就是卡斯特所说的传播权力。

在对权力建构和施行中传播的作用进行研究时，卡斯特假设"主要依赖于强制的权力是一种弱形式权力，并且难以长期持续。只有当获得默许或至少被屈从的主体所认同时，制度才能持续"。施加于头脑中的权力比施加于身体之上的权力更为重要。此外，施加于头脑中的权力还不能简单地被理解为一种纯粹的控制机制，而是应当作为在话语的发送者和接受者之间的有效传播过程中个体内化并接受特定话语的能力。因此，"传播系统的特征对于理解权力话语的形成及其能力至关重要，这种能力通过在人类经验与统治利益嵌入的话语结

---

① Castells M. A Sociology of Power: My Intellectual Journey[J]. Sociology, 2016, 42(1): 2.
② Castells M. Communication Power[M]. New York: Oxford University Press, 2009: 10.

构和内容之间建构有意义联系的方式来形塑社会行动者头脑"①。

而且,卡斯特认为,为了研究弥散性和多层次权力关系的生产,深化我们对网络社会中传播系统和技术变迁的知识极为关键。"在知识上必须熟悉一般传播和数字传播,这是我在 2003 年从伯克利大学到南加州大学安南伯格传播学院接受院长职务,改变我学术环境的关键动机"。这是卡斯特对权力和传播之间互动系统研究的开始,并最终形成《传播权力》一书,在书中卡斯特深入研究了全球网络社会传播系统的基本转型②。

卡斯特所做的并不是单纯的传播研究,而是将传播与权力理论结合起来,在此基础上,其对传播的研究旨在评估传播转型对权力关系的深刻影响。这导致两个结果:第一,传播网络变得如此普遍,因为它们是数字化、去中心化和弹性的,并且因为传统大众媒体仍然是大众传播的主导形式,所有的政治都变成了媒体政治。政治选择和政治个人化的图景在传播空间中上演。虽然媒体并非权力所有者(因为它们具有多样性,以及媒体、商业和政治系统间的复杂互动),但他们建构了权力上演和最终施行的空间。卡斯特将这种传播空间置于选举、治理、合法化和去合法化中,互联网传播网络在其中扮演越来越重要角色的。政治个人化和建构策略以及政治领袖和政党形象解构作为主要的政治武器导致了丑闻政治,不仅因为媒体政治不能被传统资本力量所左右,也因为政治领导的信任危机成为攻击其他政治行动者最强有力的形式。传播的转型和政治合法化普遍危机之间的互动是卡斯特《传播权力》一书研究的核心。对卡斯特而言,权力是二元的,传播转型对反权力的作用也是卡斯特探讨的另一个重点,卡斯特通过网络社会运动的结构、组织、动态和效果的实证案例研究,阐述了新传播系统在反权力过程中的作用。

然而,仅仅使用传播的权力与反权力分析是不够的,此时卡斯特仍缺少一个合适的理论来理解网络社会中的权力。于是在后续实证研究中卡斯特继续

---

① Castells M. A Sociology of Power: My Intellectual Journey[J]. Annual Review of Sociology,2016,42(1):9.

② 第一,大众自传播新数字传播模式出现;第二,为数字文本的全球扩张的能力,传统大众媒体在技术上整合,与此同时在文化性和组织化根植于特定情境;第三,垂直大众媒体和传播的水平网络逐渐在同一系统中整合,形成了卡斯特所谓的超文本;第四,媒体公司围绕着全球规模性的多媒体商业网络进行组织。这些商业网络集中资本和管理,并多样化内容和定制化观众;第五,虽然政府在媒体系统中保持了相当大的约束和制度权力,但公司开始代表大量的大众传播,既在传统媒体中也在网络的传播系统中;第六,大众自传播网络。我们的社会已成为一个在全球范围内完全被数字传播所网络化的社会。

耕耘，最终建构了他自己称为"权力的网络理论"（A Network Theory of Power）的理论蓝图①。这是他权力研究中重要组成部分——将现有关于权力的主要理论扩展成网络中四种形式的权力：① 网络准入权（Networking Power）；② 网络规范权（Network Power）；③ 网络内控权（Networked Power）；④ 网络建构权（Network-Making Power）。

对卡斯特而言，权力没有抽象的概念，亦没有理论性质，它只在特定个人、组织以及网络的手中。按照他一贯的理论立场，他主张（研究者）无法创作出抽象的理论，只能够对特定情况做特定的分析。

然而，如果无视新传播系统在反权力过程，尤其是在社会运动的结构、组织、动态和效果上的影响的话，对卡斯特在网络社会中权力的分析就无法完成。2009—2015年，全球爆发的社会运动拯救了卡斯特，这些网络社会运动前沿建构了新的斗争体验，显示出新的特征，这些实践为卡斯特头脑中的问题提供了答案。而卡斯特在第一时间完成了观察，并形成了新思考。这些研究成果最终形成《愤怒和希望的网络：网络社会运动》一书。

2.3 卡斯特传播思想的理论背景

网络社会理论为我们提供了一个理解技术所决定的网络媒体重要作用的视角，强调了"网络"的核心地位和重要性。纵然，卡斯特对传播理论的创新鲜有框架性突破，但他通过将自己的社会学背景与信息技术、媒介研究结合，为我们理解当代社会媒介、权力和社会转型开拓了重要的视角。这对我们理解媒体社会角色的贡献是独一无二的。卡斯特思想是社会理论与传播理论结合的综合性分析，本部分我们主要从卡斯特思想发展的若干理论背景出发，探讨卡斯特思想的根源。

---

① Castells M. A Network Theory of Power[J]. International Journal of Communication, 2011(5): 773-787.

2.3.1 经典社会学的启发

关于卡斯特理论的社会学背景,传媒大学谷俊明在博士论文《曼纽尔·卡斯特信息社会思想研究》及其论文《卡斯特网络社会思想起源探析》[①]中为解决我们的困惑做了大量开拓性的工作,因卡斯特研究的拓展和最新文献的引入,本书仅在此基础上做少量扩充,谷俊明在文中将卡斯特理论置于丹尼斯·贝尔、托马斯·库恩、西方新马克思主义和马克思·韦伯理论影响脉络之下进行分析。

第一,他将卡斯特思想置于贝尔的后工业社会理论谱系下,认为后工业社会社会理论启发了卡斯特对新社会结构变迁的思考,其本身的研究也就是在与贝尔的对照之中发展起来的,贝尔对技术与社会结构之间的关系思考为卡斯特研究信息传播技术对新社会结构——网络社会的出现与扩散提供了思想的源泉。卡斯特对知识和信息的定义也是直接来自《后工业社会的来临》一书,但卡斯特是在批判基础上的创新,卡斯特同时代的思想家,诸如马克·波斯特(Mark Poster)等人一样,对贝尔过于强调知识生产和信息的作用进行了批判,但是卡斯特在这里更多是借用,这符合他对待理论的一贯风格。

第二,卡斯特在著名社会学家韦伯的《新教伦理与资本主义精神》启发下,对网络社会中信息主义精神和黑客伦理做了深入研究,韦伯强调资本主义形成中促进社会形成和技术进步的精神因素,而卡斯特则强调了促进信息革命中的信息主义和以共享和创新为内核的黑客伦理,认为二者在信息技术发展、网络技术进步和新经济的崛起中处于核心地位。

第三,卡斯特的传播权力思想是在韦伯、福柯等人经典权力和话语思想基础之上的创新和超越。纵观卡斯特60年研究生涯(截至2017年)所走过的学术路径,其研究范式发生了6次变革[②],但无论怎么变化,他坚持认为"权力关系是社会的DNA,是所有文化的源代码,及连接所有事物和最终揭示社会生活进化可能路径的进程"。[②]权力问题在卡斯特研究中处于非常重要地位。

卡斯特早期的权力观点与马克思及现代社会学家如出一辙,是直接借鉴了

[①] 谷俊明. 曼纽尔·卡斯特网络社会思想起源探析[J]. 现代传播,2013,(5):153-154.
[②][②] Castells M. A Sociology of Power: My Intellectual Journey[J]. Annual Review of Sociology,2016,42(1):2.

马克思的理论并深受结构马克思主义学者尼科·普朗查斯"阶级关系就是权力关系"主张的影响,针对20世纪60—70年代城市阶级斗争和城市社会运动进行了早期研究,但在后期,当卡斯特将视角转向网络社会结构和全球化的变迁之时,权力概念和作用发生了根本变化。

在20世纪70年代末,卡斯特认为国家权力在网络社会退化成全球网络的一个节点,传播成为权力形成和施行的决定性空间和领域,这与其早期权力思想迥异,但无论如何,尼科·普朗查斯的结构分析方法被卡斯特继承了下来。

除马克思主义传统之外,卡斯特对马克斯·韦伯的权力观也是推崇备至。马克斯·韦伯认为权力"一个人或一群人在社会行动中实现自己意志的机会,甚至不顾其他参与者抵抗的情况下实现自己意志的能力"。也就是说,权力是一个人或群体迫使其他人或群体贯彻其意志以实现自我利益的能力,支配与服从关系是权力关系的本质特征。权力本质上是一种"影响结果的能力",强制性是权力的一个重要属性。在韦伯看来,权力离不开强制,强制离不开暴力,权力必须以暴力或暴力胁迫为基础,暴力构成权力的一个重要组成部分。除此之外,韦伯的权力概念还与他的合法性概念紧密联系。在网络社会理论中,卡斯特直接在韦伯的基础上定义了权力,认为权力"是人类主体之间的关系,在生产和经验的基础上通过潜在的与实际运用的(实质与象征)暴力,而将某些主体的意志强加于其他人之上",就卡斯特早期研究而言,权力也是"建立在国家机器对暴力的制度性垄断基础上"[①]。即使到了卡斯特"传播权力"研究阶段,他还引用了韦伯的权力学说为其理论做注脚。但当提出了权力总的关系定义后,卡斯特在韦伯权力的暴力和强制方式上,增添了权力的一种说服或者传播的方式,并认识到后者的重要作用,"它是现代社会权力的核心","强迫行使的权力是一种弱权力,难以持续。只有当权力获得默许或至少被屈从的主体所认同时,统治才能持续。控制人思想的权力比控制身体更重要"[②]。

此外,卡斯特的传播权力概念对福柯权力哲学思想也有所继承和超越,他自述其对社会权力的兴趣"深受"米歇尔·福柯作品的影响,将自己提出的第二个机制直接称为"规训权力"。但与福柯不同,卡斯特承认有一个属于国家的权

---

① 曼纽尔·卡斯特. 网络社会的崛起[M]. 夏铸九,等译. 北京:社会科学文献出版社,2006:14.
② Castells M. A Sociology of Power: My Intellectual Journey[J]. Annual Review of Sociology, 2016, 42(1):2.

力机制,它以私人和政治利益的名义通过胁迫和恐吓行使。这种机制就是所谓的"恐吓权力"。恐吓权力存在于另一个更为决定性的权力机制,属于话语,通过信息传播网络传播,并通过说服(或传播)行使。卡斯特利用福柯的术语,把权力的第二个机制称为"规训权力"。但福柯对传媒的作用观察不够,卡斯特则通过传播网络深入阐述权力具有塑造人类思维的独特能力,卡斯特解释说"只有强迫,不能稳定统治。制造同意,或至少相对于现有秩序灌输恐惧和胁迫的能力,对于执行管理社会机构和组织的规则至关重要"①。传播权力最有效的形式是说服力,这是一种改变人们心灵的权力。

卡斯特虽然承袭了传统政治学和社会学对权力的关注,但其权力观点与这些经典作家渐行渐远,当卡斯特提出独立的"传播权力"理论时,权力重点转移到了传播领域,并与信息传播网络紧密相关,正如卡斯特后来所解释的,在"网络社会,社会权力主要通过或被网络所施行"②,传播网络是网络社会中权力建构和施行的基本网络。从此之后,卡斯特进入了以传播为中心研究权力的新范式,更是将其研究建立在实证基础之上。

2.3.2 媒介环境学的影响

从众多学者对卡斯特思想的访谈、评析和他自己著作的字里行间,我们都能够清晰看到哈罗德·英尼斯、马歇尔·麦克卢汉乃至尼尔·波兹曼对其理解信息技术和媒介所产生的巨大影响。

首先,卡斯特媒介思想和马歇尔·麦克卢汉、哈罗德·英尼斯等人理论体系的交集在于传播媒介及其技术演化对于相应文明的作用的观点上。这是一种典型的媒介历史观。在传播思想史中,麦克卢汉在研究媒介技术的功能方面具有开创性,但麦氏也承认,在他之前英尼斯是2400年以来唯一研究技术影响的学者③。麦克卢汉非常推崇英尼斯的历史哲学研究方法,从英尼斯开始媒介形态决定人类社会形态的基本观点,启发了麦克卢汉主义媒介技术历史观,媒介形态变迁成为麦克卢汉学派划分人类社会不同历史时期文明形态的依据。

---

① Castells M. Communication Power[M]. New York: Oxford University Press, 2009: 3.
② Castells. A Network Theory of Power[J]. International Journal of Communication, 2011(5): 773-787.
③ 李曦珍. 理解麦克卢汉:当代西方媒介技术哲学研究[M]. 北京:人民出版社, 2014: 195.

同英尼斯、马歇尔·麦克卢汉一样,卡斯特也是在历史经验的基础上描述了(媒介)技术变迁的后果,他以一种与英尼斯近乎一致的观点类比:"风动力帆船对越洋贸易和征服网络;骑马使者或信使维系帝国的中心对边疆的传播(控制)。"

但传播过程中反馈回路的时滞使系统的逻辑等同于信息和指令的单向流动。在这种条件下,网络成为在塑造人类历史中的垂直组织顶端所掌握权力的延伸:国家、宗教机构、军阀、军队、官僚机构及其负责生产、贸易和文化的下属[①]。

卡斯特在《网络社会的崛起》中独辟一章专论媒介,他从人类文明发展的媒介理论概述开始,从技术与文明关系探讨媒介的发展,分析网络社会的技术(媒介)本源,强调了信息和传播技术的核心地位和作用,进而关注网络社会变革的宏大格局,描述当前围绕网络的主导社会形态。卡斯特将自己定位为当代趋势的"探索者",但其媒介理论很明显地遵循了一个预设的地图:这是一个被英尼斯、麦克卢汉媒介理论深度影响着的历史文化发展阶段理论。这也是卡斯特媒介分析的一个关键出发点。麦克卢汉等人对卡斯特的影响主要体现在以下四个方面:

(1)麦克卢汉提出"部落化——非部落化——重新部落化"的历史演化图式,从媒介的演化角度来解释人类文明发展的宏观演化,卡斯特以与麦克卢汉近乎一致的方式,将人类社会传播的历史视为三个阶段[②]:口头传统的时代、面对面的传播和密切的社区。卡斯特和麦克卢汉提出了共同阶段的划分,但是电子时代之后还有什么?对此,二者开始分道扬镳,这便体现出卡斯特对麦克卢汉等人理论的发展与超越。按照麦克卢汉的观点,紧随在古腾堡星系之后的电子时代,将成为人体延伸的最后一个阶段。而卡斯特则是在麦氏分期基础上将电子时代的影响进行了拓展和延伸:对卡斯特而言在这之后还有麦克卢汉星系和互联网星系,最终是进入一种"真实虚拟"文化当中。

(2)媒介是人体的延伸作为技术发展影响另一表现,是麦克卢汉理论的基本观点之一,同时也是哈罗德·英尼斯的观点。媒体发展的这一原则被卡斯特含蓄地用于描述信息时代的起源。相比之下,麦克卢汉仅仅是电视时代的预言家,但它的影响力却一直延伸到了信息时代的许多观念。新媒体技术的出现而

[①] Castells M. Communication Power[M]. New York: Oxford University Press, 2009: 22.
[②] 曼纽尔·卡斯特. 网络社会的崛起[M]. 夏铸九, 等译. 北京: 社会科学文献出版社, 2006: 308-309.

导致文明革命性的变迁,只不过这次是网络社会的崛起,卡斯特在网络社会理论中借用麦克卢汉的核心观点。

(3) 麦克卢汉在《古登堡星系》(Gutenberg Galaxy)书中的观点是,印刷语言和传播逐渐削弱了口头传播模式和讲故事的主导地位,并在此过程中改变了世界的表征和理解。人们的思想和行为被重写,印刷语言随后构成人类感知世界的重要组成部分。而卡斯特提出"互联网星系"(Internet Galaxy)直接类比麦克卢汉的标题,实际上是为了表达一个与麦克卢汉直接相关的观点:互联网已然成为我们生活的技术基础,数字媒体正在挑战印刷文字。正如微电子"革命"产生的信息技术进步使网络社会成为可能那样。

可见麦克卢汉理论的影响,尤其是对技术和文化文明发展的社会影响层面,对卡斯特影响非常明显,卡斯特承认麦克卢汉为"天才"[1],但与麦克卢汉技术决定论不同,卡斯特至少研究了社会力量在新技术实现、社会矛盾的处理中扮演的角色,他明确地强调,技术发展不能决定社会发展,两者处于相互交替共存的关系中。卡斯特似乎有意识地避免其理论的技术决定命运,而这正是麦克卢汉遗留下来的理论盲点。卡斯特肯定麦克卢汉的观点,不过并没有落入其彻底技术决定论的乐观,他还考虑了许多不平等、阶层化因素以及文化和社会模式的问题。

(4) 作为媒介环境学派的第三代继承者,尼尔·波兹曼(Neil Postman)主要以技术垄断和"媒介即隐喻"的理论出名。在《网络社会之崛起》第五章开篇,卡斯特引用波兹曼佐证其观点:"我们并非如其所然地观看现实,而是见到现实在我们的语言中的样态,我们的语言便是我们的媒介,我们的媒介便是我们的隐喻,我们的隐喻创造了我们的文化内容"[2]。借助波兹曼的文本我们可以知道其所谓"媒介即隐喻"是指在文化中引进技术(比如文字和钟表)就意味着文化内容的改变,这与麦克卢汉的技术决定论有着部分关联。在同一本被卡斯特引用的书中,波兹曼主要阐释由文字转向电子传播现象,最终确认我们所处的文化是一个信息、思想和认识论都由电视决定的文化。卡斯特引用波兹曼主要是作为其论述真实虚拟文化的背景,从波兹曼的角度总结出"传播确定无

---

[1] Rantanen. The Message is the Mediu:An Interview with Manuel Castells [J]. Global Media and Communication,2004,1 (2):142.

[2] 曼纽尔·卡斯特. 网络社会的崛起[M].夏铸九,等译.北京:社会科学文献出版社,2006:309.

疑地塑造了我们的文化"的结论①。从这一角度来说,卡斯特完全继承了波兹曼的技术决定论。

2.3.3 马克思主义的继承

卡斯特在学术生涯早期是一个彻底的马克思主义者,当时他正在研究城市社会学核心命题——社会运动在城市转型中扮演的角色。他以阶级斗争与矛盾、意识形态等概念主导其研究。尼科斯·普兰查斯(Nicos Poulantzas)的结构马克思主义思想对其影响尤甚,在其思想中亦占据核心位置,正如其所阐述的,"在我70年代的早期作品中,我的学说为了适应马克思主义者的术语体系,有时候甚至拘泥于形式化的马克思主义"②。

因此,卡斯特早期的研究与马克思主义"意识形态"概念是紧密结合的。众所周知,"意识形态"一词是法国思想家特拉西在《意识形态诸要素》一书提出的概念,意指"观念学说"或"观念科学",其目的是研究认识的起源与边界、认识的可能性与可靠性等认识论中的基本问题,但因其内涵的模糊性和实践的多元性,意识形态理论在争论中不断发展。在马克思主义的原初语境下,意识形态是虚假的社会观念,其实质在于异化或扭曲的阶级统治的主导性社会精神取向。以卢卡奇、葛兰西等人为代表的早期西方马克思主义者将意识形态议题提升为阶级斗争与革命运动的理论制高点。文化霸权与意识形态掌控就此成为马克思主义理论的核心议题。20世纪科学技术革命的深入发展进一步引致了新的理论动力与实践场域。法兰克福学派的社会批判理论认为,现代化的科学技术已经成为第一生产力,同时它也是新时代意识形态的首要载体。英国伯明翰学派的文化研究则将文化置于马克思主义理论研究的核心,其中生活方式与社会观念的复杂辩证矛盾凸显出意识形态的主导范式。法国结构主义的马克思主义也沿袭了意识形态批判的批判框架,法国后结构主义与后现代主义将这种批判维度进一步推向极致。在北美洲,美国的媒体研究从社会理论视角对大众传媒的意识形态性展开了一系列大规模的技术研究;经过加拿大多伦多学派的转换,美国新媒体运动在亲马克思主义立场上引入了更鲜明的批判维度。在

---

① 曼纽尔·卡斯特. 网络社会的崛起[M]. 夏铸九,等译. 北京:社会科学文献出版社,2006:350.
② Pickvance G C. Theoretical Proposition for an Experimental Study of Urban Social Movements[M]. London:Tavistock,147-73.

西方马克思主义文化研究的主流范式中,传媒的意识形态性议题由此得以不断强化与提升。

卡斯特早期研究中关于传播的印记很少,基本上简单表达为对意识形态的宣传与控制。此时卡斯特的思想与结构马克思主义的关系比较紧密。他说"正如我著作的评论者说的那样,对我产生最直接地影响……是来自我密友兼同事尼科·普朗查斯。……他的马克思主义总是直接致力于实际的历史变化过程"①。

卡斯特强调城市空间的社会物质基础,其后他将"集体消费"理论引入城市社会学,将其作为现代城市的主要功能,重视城市运动和管理背后的经济动因,这也奠定了其作为马克思主义城市社会学的主要代表人物之一的地位。此时,他的主要目标是结合马克思主义理论与经验导向的城市社会学和社会运动研究,这就从早期的马克思主义转向了新马克思主义。他说:"与马克思主义阶级斗争方法相比,我将城市空间带入结构统治和社会变革的前沿;与芝加哥学派相比,我强调了矛盾的过程,城市和空间一般来说是在这个过程中生产、竞争和改变;与多元政治科学相比,我不仅分析了在城市之中的权力,而且在城市之上的权力,也就是说,城市就像社会,在很大程度上通过潜在的权力关系空间形式和制度流程得以形成。"②

20 世纪 70 年代末,卡斯特对马克思主义的依赖开始下降③,他的学术生涯又一次转向。卡斯特定居美国,开始关注技术、经济和社会之间的联系。这一时期他采用了更广泛的研究方法和视野。但后来因卡斯特将马克思主义作为一个知识工具观点,也引发了一些学者对于他背叛马克思主义的谴责。

但实际上马克思主义在其思想中仍然烙下了深深的印记,社会学家弗兰克·韦伯斯特(Frank Webster)注意到了马克思主义的痕迹实际上还留在卡斯特《信息社会三部曲》的整体结构中,即卡斯特从研究主题总体的角度,将不同元素连接到信息主义、网络、流动,全球化的结构性主题,这种方式"代表对当前总体性解释正统的怀疑反对"④。在《网络社会的崛起》一书的系统分析中,卡

---

① Castells M. A sociology of Power: My Intellectual Journey[J]. Sociology,2016,42(1):16.
② Castells M. A Sociology of Power: My Intellectual Journey[J]. Sociology,2016,42(1):5.
③ Rantanen T. The message is the Mediu: An interview with Manuel Castells[J]. Global Media and Communication,2004,1 (2):137.
④ Frank W. Theories of the Information Society[M]. London,Routledge: 2002:99.

斯特一再强调网络社会是一个资本主义社会,可以说整个世界第一次在资本主义体系条件下运作①。这样一个社会所形成的主要矛盾正是介于资本和劳动之间,而这正是马克思所阐述的资本主义与生俱来的矛盾。卡斯特认为信息化资本主义通过全球网络传播来运作。这种新形式的资本主义就是"信息化",某种意义上说,这种资本主义是以一种新信息技术范式为基础的,并且颇具信息时代的特色,对信息的处理与传播已成为生产力和权力的根本源泉。卡斯特的整体分析无疑是从马克思主义框架开始的,即使他声称自己已经远离马克思主义,然而,其中心逻辑仍是将生产方式的变化与社会广泛的变化联系起来,这是一种典型的马克思主义方法。他的基本观点是,在 20 世纪的最后 30 年左右,资本主义生产方式和运作方式发生了根本性的转变,他认为这是信息主义的新社会结构:在工业发展模式中,生产力的主要来源是引进新能源或在不同地方使用它们;在信息化的发展模式中,生产力的来源是知识的生产、处理和传播。信息处理的重点是改进信息处理技术,主要目的是生产知识。这种发展模式通过资本参与者、跨国公司以及跨国生产者的发展壮大来影响社会生活。他们的处理能力融会贯穿于网络之中,并在经济体系中昭示着"网络逻辑"的终极力量。这里,他实际上创造了一个双重解释框架,由马克思主义启发的信息发展模式的思想与"网络逻辑"作为一个新社会形态思想②。

2.3.4 当代认知科学借鉴

在传播学术史上,美国传播学与心理学具有密切关系。认知科学(神经生理学和心理学)学术传统对传播学诞生和发展具有重要意义,心理学的每次学术革新都对美国传播学产生过直接影响,早期杜威、帕克和米德的行为主义心理学对传播学产生过实际影响,美国主流传播研究范式的形成大多是建立在早期神经生理学发展基础上的。在卡斯特传播权力理论之中,对乔治·莱考夫(George Lakoff)和安东尼奥·达马西奥(Antonio Damasio)的理论都是直接借用的,他们二人是卡斯特在南加州大学的同事和好友,卡斯特对他俩的当代认知心理学和神经科学最新成果的借鉴整合亦很明显。

乔治·莱考夫(George Lakoff)是加州大学伯克利分校的认知语言学家,其

---

① Castells M. The Rise of the Network Society[M]. Blackwell:Blackwell Publishing Ltd,2010:161.
② Fuchs C. Social Media:A Critical Introduction[M]. London:Sage,2014:70-88.

主要成果是将语言和认知隐喻结构相结合,把隐喻研究纳入认知科学的领域,提出了概念隐喻理论,创建认知语言学。而安东尼奥·达马西奥目前是情绪、认知领域研究的全球顶级专家,他从神经生理机制提出情绪是理性决策重要组成部分的理论。

在传播权力研究中,卡斯特对微观社会学分析表现出浓厚兴趣,并用神经生物学改进他过往观点,将人类作为有意识的行动者,类似于受传播网络影响的有机网络(神经元网络)媒介设施:借助莱考夫和达马西奥等人身体图像、心理图像与神经模式间相互关联神经生理学机制以及在此基础上的情绪和情感的研究成果,尤其是镜像神经元运作的机制,来探讨感觉和情绪对决策的作用心理学机制,最后通过整合美国当代政治传播学家罗伯特·M. 恩特曼(R. M. Entman)的框架理论,将之放置在微观认知领域,探讨思想框架的机制,并突出了权力与思想的联系中情绪的作用。在这里,卡斯特提出框架在神经元的级别上操作的微观分析,通过组织和激活某个关联的思想和形象,当该框架激活它们在大脑中存储的框架时,接收传播终端的人将对框架进行操作。这是通过传播框架理论的"议程、设置、启动、取景和索引"过程来完成。

从这个角度来看,卡斯特的主要贡献是融合神经生理学、认知语言学等心理学的最新成果,并与传播学框架理论相结合进行综合研究,虽然不是在一个完全新颖范围的创新,但终归也是一种创新。

第 3 章　卡斯特传播媒介观

卡斯特的传播媒介观是建立在实证研究基础之上，关注信息技术与社会（文明）形态变化之间互动，将宏大的技术社会理论与传播理论结合而提出的洞见。具体表现为：媒介方式演变对社会文明变迁影响的媒介历史观；网络社会视域下媒介对时间和空间变革影响的时空观；以"网络"为核心的信息技术与社会互动的网络中心观。

在卡斯特社会理论中，自《信息化城市》（1989）起开始关注信息传播技术对城市影响，提出"流动空间"的最初论述，信息技术问题才开始进入其研究视野；在"信息时代三部曲"中，卡斯特关注信息技术与网络社会崛起，尤其是该书第5章专门论述媒介及其生态变迁，在这里卡斯特研究范式直接从对技术经济的分析转变成以媒介为中心的分析，为学界提供了理解技术所导致的网络媒体重要作用的新视角。其《移动信息社会》（2007）一书是直接对手机等移动新媒体的关注，在移动媒体的新生态下，通过各国个案研究，强调了移动信息和传播技术与网络的核心作用；在《传播权力》中，卡斯特更是总体上确立了以传播为中心的分析范式，强调文化是通过传播传递的；权力（关系）是在传播中产生和决定的；媒介对人头脑思想的框架，具有强大效果，对文化和传播具有强大的影响力；《传播权力》一书直接奠定了卡斯特作为传播学者的国际地位，目前卡斯特在国际传播学领域全球引文居第一位，充分说明了其研究的国际影响力。

需要指出的是，卡斯特媒介观是一种建立在英尼斯、麦克卢汉、艾柯、鲍德里亚乃至吉登斯等传播学家和社会学家思想基础上的综合思想，我们将在具体研究中对比分析，从卡斯特复杂且多元的研究中归纳卡斯特媒介观的主要内容及特点。

3.1　媒介历史观

南京大学胡翼青在一次关于"传播学的永恒母题"的学术发言中强调：

传播技术发展与文明变迁是传播学永恒的母题，他引用雅斯贝尔斯"轴心时代"理论来解释，轴心时代之所以能大师云集，百家争鸣，是因为古典时代的思想家对于人类文明发展等根本问题具有普遍反思能力，而学术的创造力就是来自这些反思。传播学在 20 世纪初兴起过程中，因学者注意到了现代传媒的巨大能量，认识到了传播学永恒母题（传播技术与文明变迁）的意义，促使他们在反思传统文明走向现代文明的过程中，传媒的地位和作用如何的问题，才有了后世传播研究和传播学的兴盛，及英尼斯、麦克卢汉等思想创见……但在当代因传播学放弃对其学科母题的反思时，其创造力便面临衰竭的危机。"

"就传播学而言，我们应当思考的问题是它们的存在对人类文明变迁起到何种作用。不断反思媒介技术的发展到底给人类的交流、给人类的生存与发展以及文明带来了何种影响？这是传播学不断向前发展的动力所在。"[①]

因此，他号召学者应当重新回到传播学"永恒母题"的讨论中去，唯其如此，才能够追寻传播的真正含义。

卡斯特对上述主题也尤其关注，从"信息时代三部曲"一系列研究开始，特别是《网络社会的崛起》第 5 章就是以人类文明发展的媒介理论概述开篇，从技术与文明发展的视角探讨媒介的发展，最终的归宿也是落在这个母题上。

卡斯特针对网络社会变革的宏大叙事，描述了当前围绕网络而出现的主导社会形态，理解网络社会的技术（媒介）本源，强调了信息和传播技术的核心地位与作用。他将自己定位于一个当代趋势的探索者，其媒介研究和思想明显遵循了一个预设的"地图"，在这幅地图上，英尼斯尤其是麦克卢汉对传播学母题论述对其影响非常明显。

---

① 胡翼青.传播技术与文明变迁:传播学的永恒母题:基于传播学科创新的思考[J].新闻与传播研究，2007(1):27-29.

卡斯特的媒介思想和麦克卢汉、英尼斯等人的理论体系和交集在于传播媒介演化对文明发展的强大影响，这是一种典型的媒介历史观。

在传播思想史中，麦克卢汉在研究媒介技术的功能领域具有开创性，但他也承认，他之前的英尼斯（也是他的老师），是 2400 年以来唯一研究（媒介）技术影响的学者，麦克卢汉非常推崇英尼斯的"历史哲学"研究方法。

英尼斯开创了媒介环境学派，从他开始，媒介形态决定人类社会形态的基本观点就成为该学派技术史观的基本原理之一，媒介形态成为他们划分人类社会不同历史时期文明形态的依据。

遵循这种思想理路，麦克卢汉总体上提出"部落化—去部落化—重新部落化"的历史演化图式，从媒介的演化角度来解释人类文明发展变迁的宏观线索。

第一阶段是在文字发明之前存在一个部落主导的社会阶段，人类通过语言和歌谣相互交流，口语是唯一的主导媒介。

第二阶段是古登堡发明印刷术之后改变了媒介历史和进程，为现代性的发展提供了动力。印刷媒介——书本、小册子和书信开始主导人类传播，阅读和书写传统能力成为社会进步必须，在这个阶段，视觉和印刷文字占据了统治地位。随着个人和团体倾向于冷静的教学和教育的书面文字，一个去部落化时代已经到来；人们不再需要在部落聚会的亲密关系中生活、说话、聆听和管理。现代印刷媒体可以实现批量生产、分布广泛，去部落化也带来了权力和权威的去中心化。卡斯特把这个时代称为"古登堡星系"。

第三阶段是电子时代，20 世纪以来，伴随着电子媒介传播的发展人类又重新进入了一个部落化时代。例如，电话、电视正在缩小世界，通过音视频媒体将人们聚集在一起，对此，麦克卢汉创造了"地球村"的隐喻。我们不再在字面意义上生活在"部落村庄"，但在隐喻意义上，"电子媒体"将我们的视野扩大到一个程度，使我们感觉到与世界各地的人和地方的亲密关系。这个阶段是一个人类所有感官深度参与的传播时代。

但卡斯特对这三个阶段的价值判断与麦克卢汉不同，卡斯特认为口语时代（前文字时代）的文化是人类文化的理想蓝本，而印刷术发明之后的"古登堡时代"则是文化陷落的表现，而一直到电子时代，人类社会和文化的理想状态才得以重新恢复。

卡斯特媒介分析的一个关键出发点就是从此处开始的，这是一个被英尼斯、麦克卢汉思想深度影响的文明变迁理论。

同英尼斯、麦克卢汉一样,卡斯特也是在历史经验基础之上描述了(媒介)技术变迁的后果,他以一种与英尼斯近乎一致的观点类比:"风力船舶可以在海洋中穿梭,甚至建立跨海洋的贸易和征服网络。骑马的使者或快速奔跑的信使可以保证从帝国广阔疆域的中心到边境的传播。但是,传播过程中反馈的时间滞后,使得信息和命令的传播只是单向流动。在这种情况下,网络成为权力的延伸,它集中在垂直组织的顶端:国家、宗教机构、军阀、军队、官僚,它们的下属负责生产、贸易和文化,由此塑造了人类历史。"[1]

卡斯特也以与麦克卢汉相同的方式,将人类社会传播的历史视为三个阶段的过程。

第一阶段是口头传统时代,是面对面传播和密切联系的社区;第二阶段从发音字母表开始,随着印刷机、书籍和报纸的扩散,达到完全成熟。不仅在当时是传播方式的巨大变化,而且对后世历史发展和文化也产生巨大的效应。这种"字母顺序"与西方哲学、科学积累、理性和科层制的发展密切相关;第三阶段也就是文字时代之后所出现的电子传播时代,是麦克卢汉和卡斯特所论述的最重要的阶段,与之前的时代形成鲜明对比[2]。

至此,卡斯特提出了与麦克卢汉共同的阶段划分,但电子时代之后如何划分呢?对此,二者采用了不同的标准,其中的差异便体现出卡斯特对麦克卢汉理论的超越。按照麦克卢汉的观点,紧随"古登堡星系"之后的电子时代,将成为人体延伸的最后一个阶段,而卡斯特则是在麦氏分期的基础上将电子时代影响进行了拓展:对卡斯特而言,在这之后还有"麦克卢汉星系"和"互联网星系",人类最终将进入一种"真实虚拟文化"当中[3]。

3.1.1 麦克卢汉星系阶段

首先,卡斯特对麦克卢汉星系的描述,这和麦克卢汉所述的电子时代有所重合,但卡斯特是在批判基础上提出的。

卡斯特描述的"麦克卢汉星系"是自20世纪60年代之后受电视影响的视

---

[1] Castells M. Communication Power[M]. New York: Oxford University Press, 2009: 22.
[2] 曼纽尔·卡斯特. 网络社会的崛起[M]. 夏铸九, 等译. 北京: 社会科学文献出版社, 2006: 308-309.
[3] 曼纽尔·卡斯特. 网络社会的崛起[M]. 夏铸九, 等译. 北京: 社会科学文献出版社, 2006: 350-351.

听大众传播时期。在这一时期,电视已成为高度普及的主导媒介,这也意味着"古登堡星系",即文字时代的结束。电视带来了大众文化,通过信号传播渠道将信息发送给每个观众,但其内容由政府和垄断寡头控制。但现实中,每个观众对播放内容的反应却差之千里。批判理论认为,处理媒介内容分为三个层面:媒介产品的个人诠释、媒介的集体诠释以及集体的政治行为。

最后,媒体内容会被其他文化模式覆盖,这就意味着绝不会出现那种被社会批判理论所设想出来的同质化的大众文化。卡斯特认为,媒介具有社会功能:"人们的思想从根本上来说是受媒介影响的,而电视是这当中最重要的影响因素。"他认为在通过电视进行的大众传播时期,麦克卢汉的预言应该全部实现。

与此同时,卡斯特也寄希望于下一个时代的到来,"那应该是一个与麦克卢汉所描绘的完全不同的传播体系"。麦克卢汉在《理解媒介》一书中虽提及电视媒体,但没有将它作为占主导地位的均质媒介来看待。麦克卢汉认为,提供独特和丰富多彩的(内容),比提供同质化的(内容)要困难。但是随着电力时代的到来,这一切变得比以往任何时候更加容易。但显然,麦克卢汉早期对电视及其影响力的观察,并不是以电视的跨时代大众影响力为出发点的。尽管他在其他地方阐述过:"电视这种媒介以重塑西方人为目标,它用一种突然的艺术进攻方式成为了美国人生活中的普遍和压倒性的现象。"(Mc Luhan,1990)

在描述"麦克卢汉星系"时,卡斯特游走在经验传播研究层面,这种研究着重于传播者和受众之间内容的传输,这大大超出了麦克卢汉的思想,因为麦克卢汉明确表示不从事"节目内容"的研究,而且也没有明确媒介的多元化和交互性,卡斯特对"麦克卢汉星系"的描述则是其丰富和补充,借此来刻画"麦克卢汉星系"的特点和结果。由于媒介种类逐渐多样化(激增的电视频道、视频、随身听、区域性的日报等),受众也一再得以细分并呈多样化发展,以具有潜在互动性的计算机为中介的(网络)传播方式终结了单向传播时代,而单向传播被卡斯特认为是"麦克卢汉星系"的一大特征。"媒介如今已经实现了全球性的联结,节目和消息也通过全球网络进行流通,但我们仍然不是生活在一个地球村,而是在一个全球生产、地域分配、顾客导向的小屋里"[①]。卡斯特虽然以"麦克卢

---

① 曼纽尔·卡斯特.网络社会的崛起[M].夏铸九,等译.北京:社会科学文献出版社,2006:321.

汉星系"描述麦克卢汉思想,但实际上大大超越了麦克卢汉思想本身。

3.1.2 互联网星系的延伸

其次,卡斯特在研究中还明确提出"互联网星系"新阶段,并做初步实证描述。在《网络社会的崛起》一书中,卡斯特对网络(互联网)的技术史和社会史的演变着墨甚多:各国(以法国和美国为核心)对早期网络技术和应用的探索,伊蒂尔·德索拉·普尔(Ithie lde Sola Pool)称之为"自由的科技";美国的先进计划研究局网络(ARPANET)在大科学体制和创新及自由精神的引导下走在了全球的前列,ARPANET 后来则演变为现今的因特网(Internet),最终因美国的国际地位和"信息高速公路战略",影响全球第一轮网络的布局和发展。①

"因特网星系"(Internet Galaxy)类比麦克卢汉《古登堡星系》(《Gutenberg Galaxy》)一书的标题,后者于 1962 年出版,主要观点是,印刷传播逐渐削弱了口头传播模式和"讲故事"的主导地位,并在此过程中改变了世界的表征和集体理解。人们的思想和行为被重写,印刷语言随后构成人类感知世界的重要组成部分。卡斯特选择相同的标题类比命名不同的时代实际上是为了表达一个与麦克卢汉相关的观点:互联网已然成为我们生活的社会的技术基础,数字媒体现在挑战印刷文字,正如电力使工业时代可能,因此微电子"革命"产生的信息技术和进步使网络社会成为可能②。网络是使互联网成为可能的组织形式和互动方式。这种所谓的传播革命的起源可以在 20 世纪 70 年代技术革命……微处理器的大规模生产中找到,这使得个人计算机成为为企业和家庭服务中不断增长的技术和产业。虽然当代人可能很难想象——计算机概念在 60 年前近乎难以被当时的人们理解。卡斯特"信息时代三部曲"的核心观点在近 30 年后的今天来看,其所谓"互联网星系"已成为常识,但在卡斯特写作的 20 世纪 90 年代,则是网络的社会应用刚刚萌发,其商业化前景并不明朗的时代,卡斯特所描述的"互联网星系"及其表现和社会影响,可谓有卓越的启发意义。

卡斯特的理论远不止于技术,虽然它被批评为隐含的技术决定论(技术塑造社会和人类行为的发展,但不强调人类决策,个人代理和社会关系的作用)。他认为,当今社会的社会结构基于网络,更具体地说,是适应性强的信息和传播

---

① 曼纽尔·卡斯特.网络社会的崛起[M].夏铸九,等译.北京:社会科学文献出版社,2006:323.
② 曼纽尔·卡斯特.网络社会的崛起[M].夏铸九,等译.北京:社会科学文献出版社,2006:15.

技术(ICTs)网络。"网络社会"一词捕捉到了这个现实：网络和网络逻辑的力量，能够实现社会的根本性转变，以指数级增加人类的传播和生产能力。虽然网络是非常古老的形式和模式（例如运输，社交和电话网络），但互联网和网络加速了时间和空间的传播，改变了信息的表征、生产、消费和流通，重视在领土内和跨国交易。

以网络媒介为核心的"因特网星系"相较过去以电视为核心的"麦克卢汉星系"，主要差别在于去中心化的结构，讯息的内容不再只是由单一的媒体机构所播送，接收者也不再只是过去大量单一化同质的大众(Mass)，而是倾向于分众的传播模式，接收者也可以成为传播者，其权力地位和认同建构的方式也和过去电视星系时代有所不同。虽然说因特网里还是会有严重的不均等情况，但只有少数比较先进的国家或个人才拥有这种传播权力。卡斯特在书中指出，这主要是因为收入和教育而不是种族，造成了这种信息时代的不平等。

在最初论述的时候，卡斯特主要是以"计算机中介传播"作为一种新媒介[1]，它在语言上具有独特性，对部分传播学者来说，电子邮件代表了书写性媒介的复仇，回归印刷的心智以及结构严谨之理性论述的复兴。对其他人来说，情形刚好相反，"计算机中介传播"媒介的非正式性、自发性与匿名性，刺激了一种由电子文本表达的所谓"口语性(Orality)"的新形式。[2]

根据目前有限的研究，我们来简单总结以上的讨论，"计算机中介传播"的共同之处在于它们并未取代其他传播工具，而是强化了现有的社会模式。通过附加于电话传播与传输上，延展了社会网络的范围，使得人们彼此能够在特定的时段里积极互动。由于接触"计算机中介传播"有其文化、教育和经济上的限制，且这种限制还会持续很久，因此"计算机中介传播"最大的文化冲击，应该是潜在地强化了具有文化支配地位的社会网络，并且增益其寰宇化和全球化。

20 世纪 90 年代后期，全球化、顾客导向的大众媒体和"计算机中介传播"，开始合力整合形成了一种新传播系统，卡斯特将其社会文化模式的特性归纳如下[2]：

第一，广泛的社会与文化分歧，导致使用者/观看者/读者/听众之间的区

---

[1] 曼纽尔·卡斯特.网络社会的崛起[M].夏铸九，等译.北京：社会科学文献出版社，2006：323.
[2] 曼纽尔·卡斯特.网络社会的崛起[M].夏铸九，等译.北京：社会科学文献出版社，2006：341.

隔,讯息在发送者的策略下为市场所区隔,也由于媒体用户依据其兴趣,以及互动能力的优势,而被使用者日益分化。

第二,网络媒体用户之间有日渐分层的现象,多媒体的选择多局限于那些有钱有闲的人,以及有足够市场潜力的国家或地区。

第三,所有类型的讯息在同一系统里传播,即使该系统是交互式与选择性的,也导致了所有讯息整合在一种共同的认知模式里,例如在计算机上面玩游戏、看电视或电影。

第四,多媒体的领域容纳了绝大多数的文化表征,跟过去的"电视星系"比较,是更为多样、混杂的,甚至汇聚出一个新的象征环境。目前,电子中介传播的变化对当前时代也是同样对应着全球社会质的变化过程,这个过程还没有完结。卡斯特将这种转变视为"整合多种传播模式的互动网络"。

麦克卢汉的影响在此非常明显,卡斯特承认麦氏是一个"天才"[1],二者都将社群主义和电子媒介技术融合在一起。将媒介和传播的当前发展,与字母表的发明对比。但卡斯特强调,不同的传播模式整合进入一种互动网络之中,这在历史上是第一次,我们无法评估其发展意义。利用麦氏的格言方式和技术自然主义风格,卡斯特提出了一个不仅在技术工具层面,而且在人类心灵领域的综合分析——一个在人类大脑、机器和社会语境之间的新互动,重新组织其维度。卡斯特遵循麦克卢汉的轨迹将新媒体技术对人类的心灵和社会结构的演变结合起来,不断进化的媒介技术通过改变人类的心理结构和社会结构,进而改变整个社会历史进程。

3.2 网络中心观

卡斯特媒介观另一集中体现,也是其思想的统领,即"网络观",这主要体现在:卡斯特以网络的概念和结构为核心解释框架,以信息主义为基础的历史观,

---

[1] Rantanen T. The Message is the Medium:An Interview with Manuel Castells[J]. Global Media and Communication,2004,1(2):142.

强调网络技术作用和网络逻辑的核心隐喻,来分析整个资本主义社会的变迁和传媒变革。

"网络"概念是卡斯特传播思想的重要聚焦,但实际上,网络从古代的渔网到烽火构成的链条、从复杂的关系到语言的意义之网,自古以来都不是一个新鲜的话题,它经历了复杂的历史变迁,尤其是新媒介技术通过传播协议彼此相互连接并藉此在网络中运行的当代,网络的作用和意义被提升到了极端重要的地位。对网络的研究,目前成果可谓汗牛充栋,但主要呈现四种路径(包括卡斯特在内)。

第一种路径,即目前以巴里·威尔曼(Berry Wellman)和伯科威茨(S. D. Berkwitz)为代表的社会网络和社会网络分析学派,他们将网络作为一种具象的形式,以描绘不同规模个体和集体的不同联系方式,把关系作为社会结构的基本单元,通过定量和统计的方式考察网络节点之间的关系或连接的密度与结构,也会辅之以一定的定性方式来测量网络结构。

第二种路径则是从法国技术社会学和技术人类学中发源而来,目前正在传播学研究中逐渐升温的行动者网络理论,主要是法国社会学家约翰·劳(John Law)和约翰·哈萨德(John Hassard),尤以布鲁诺·拉图尔为核心,主要是以技术与社会的联结,以及人类与非人类的联结性为核心,以人类学方法来探讨网络。在这里,网络主要是帮助人们认识不同组成部分或装置之间建立起联系或组织的人类学概念,网络是自证性的概念,其物质性是核心,它不是被用于描述形式,而是直接用来探讨实体之间如何建立联系的概念。

第三种路径是当前技术专家和商业营销领域所使用的计算机科学领域的路径和概念,网络是新媒体彼此交流的基本技术和技术设施,主要着眼于其协议和标准及其在跨平台过程中的技术、传播和商业特征。

第四种路径就是本书所要探讨的卡斯特路径,其主要是将网络作为资本主义再结构过程中的隐喻,网络因其去中心化、灵活和个体化的特征,重构了整个社会形态——网络社会。

在卡斯特的理论体系中,网络的分析力非常丰富,从经济基础、社会结构、传播权力等核心层面,到具体的传播结构、信息引导策略乃至人大脑的微观神经心理学(镜像神经元)的分析,网络都承担着巨大的分析作用。对比以上四种网络分析范式可知,卡斯特的分析方式与其他三种迥异,他没有关注复杂的统计网络分析,也不认为网络是一个自证的实体概念,与网络的计算机信息技术特征和商业营销特征相比,卡斯特更着眼于网络的社会结构特征和隐喻。卡斯特与其他三个范式的唯一交集便是与拉图尔行动者网络理论所共享的隐喻,但显然二者分析的基础和风格又是迥异的。

网络思想是卡斯特后期思想的统领,具有丰富的内涵,这体现了卡斯特一贯的研究风格。以下主要分析卡斯特的网络概念和网络思想内涵。

3.2.1 网络概念和结构居核心

在卡斯特早期研究生涯中,因受马克思主义的影响,主要关注阶级斗争和经济基础,网络和网络现象毫无踪影。但自20世纪80年代以来,当卡斯特转向对技术、经济和社会之间联系的关注之后,研究范式发生根本改变,网络概念才开始进入其分析视野。卡斯特第一次使用网络分析的尝试是在1989年《信息化城市》一书中,他在非常泛化的范围中提及网络及其逻辑的最初框架,"网络,如果没有信息技术提供的媒介,是无法在这么大的范围内存在的,它是我们世界正在出现的组织形式,在确定资本主义再结构的过程中,起到了基本的作用"[1]。这里提及的网络是一个辅助性的概念,服从于卡斯特信息资本主义再结构分析的框架,只具有中性角色。随后在"信息时代三部曲"中网络概念的地位和作用则日益凸显,尤其是其第1卷更是以《网络社会的崛起》命名,网络概念开始作为一个主导性的解释概念和框架,并将信息主义引入作为新兴网络逻辑背景。自此,网络成为卡斯特后期一直延续的研究主题,并作为后续几乎所有作品的解释框架。

卡斯特是这样定义网络概念的:"网络是一组相互连接的节点(Nodes)。节点是曲线与己身相交之处。具体而言,什么是节点具有高度语境化的特点,不同的系统类型决定了其间节点的特征或拓扑大相径庭。"[2]

此定义所使用的一系列技术语言也很独特,作为具体的网络例子,可以是股票市场及其附属于全球金融网络中先进金融服务中心;政治网络中的政治精英(如国家部长理事会和欧盟);传播网络,节点是娱乐工作室、电脑绘图环境、电视系统以及产生、传送与接收信号的移动设备。

---

[1] 卡斯泰尔(即卡斯特).信息化城市[J].崔保国,译.南京:江苏人民出版社,2001:34.
[2] 曼纽尔·卡斯特.网络社会的崛起[M].夏铸九,等译.北京:社会科学文献出版社,2006:434-435.

卡斯特对网络概念的界定和使用具有以下突出的特点：

第一，网络具有独特的结构。一方面，如果两个节点位于同一网络之中，那么由网络所界定的拓扑决定了这两点（或社会位置）之间的距离（或互动强度与频率），要比不属于同一个网络的两点之间距离要短（或更频繁、更强烈）；另一方面，在一个既定网络中，流动在两点之间没有距离，或有相同距离。这样，既定点或位置之间的（物质、社会、经济、政治、文化的）距离在零（相同网络中的任一节点）与无穷大（网络外的任何节点）之间变化。由信息技术光速运作所设定的网络包含/排斥，以及网络间关系的架构形成了我们社会中的支配性过程与功能[①]。

网络是开放的结构，能够无限扩展，只要能够在网络中传播，亦即只要能够分享相同的传播符码（例如价值或执行的目标），就能整合并进入新的节点。一个以网络为基础的社会结构是具有高度活力的开放系统，能够创新而不至于威胁其平衡。

这种观点把网络概念转变成更广泛结构框架的理性能力。此概念的引入并没有独特性的内容，也没有包括任何特定的方法贡献，而是在社会理论推论中作为一种历史上被接受的划时代"公理"，从一般理论原理到解释经验现象，如新商业模型、城市冲突或国家主义的衰落，在这个意义上，"网络"的概念是从属于其结构框架及其演绎逻辑。

第二，网络在卡斯特理论中具有核心地位。卡斯特在分析当中，将网络置于极端地位，他本人也认为"网络……因为它在我所刻画的信息时代社会里扮演了核心的角色"。以这个概念为核心形成的网络理论能通过基本的共享生物网络、神经网络、数字网络以及人类传播网络等诸多网络，提供一种理解自然与社会共同语言的共同途径。[②] 网络所构成的隐喻和网络逻辑扩展的影响几乎无所不包：在宏观层次可以描述宏大的社会结构和组织变迁；在微观层次可以将人体、头脑的神经网络思想框架的过程，来分析权力的具体微观运作机制。在著名社会学家约翰·厄里看来，"网络这个术语在卡斯特的著作中承载了太多理论的内容……几乎所有的现象都是通过单一的、不加区别的'网络'棱镜得

[①] 曼纽尔·卡斯特. 网络社会的崛起[M]. 夏铸九，等译. 北京：社会科学文献出版社，2006：434.
[②] Castells M. A Network Theory of Power[J] International Journal of Communication，2011(5)：795.

以观察"①。

第三，网络概念并非精确概念，具有模糊性。网络作用和影响如此强大，但是卡斯特定义网络的方式却是极其简单和模糊的，卡斯特直接使用工具交换的全球网络作为网络概念的参考。但他似乎并不在乎网络如何产生、如何演进，也不考察给定网络关系的性质，甚至信息网络如何真正起作用，只在抽象高度讨论并提供一个正式的定义和几个简单的例子。

第四，网络概念和传播权力是紧密结合的。首先，网络和传播紧密相联，卡斯特认为网络是复杂、灵活和分散的组织形式，它们通过传播保持在一起。网络结构是开放的，能够无限扩展，只要能够分享相同的传播代码（价值或执行的目标），也就是通过传播就能整合进入新的节点。网络可以有效运行的程度取决于"其连接性，也就是它的结构，方便其部件之间的无噪声传播的能力，以及其一致性，也就是在何种程度上有一个共享网络的目标及其构成"②。因此，传播媒介技术及其所形成的象征文化对网络来说至关重要，且在网络形成、确立身份过程中发挥重要的作用。

其次，网络形态也是权力关系剧烈重组的来源。连接网络的转换机制（例如资本流动控制了影响政治过程的媒体帝国）是权力掌握和施行的重要节点和机制。如此一来，占主导的转换者成为权力掌握者。由于网络是多重的，在网络之间操作符码和转换机制就成为塑造、指引与误导社会权力的基本来源。社会演化与信息技术的汇聚，创造了整个社会结构变化的物质基础。在网络中建构的这个物质基础揭示了支配性的社会过程的运作，但同时也塑造了社会结构自身。卡斯特所定义的网络没有中心，但以二元逻辑（包括/排除）、分散结构和决策模式为特征。网络的存在（或消失）由网络的节点的效用来确定，如果一些节点停止服务网络，它将被淘汰或替换，并且网络以生物过程的细胞方式重新安排自身，每个节点的重要性由其在内部获得信任的能力，也就是共享信息、编程和转换网络。卡斯特的网络概念与权力、传播的互动，为后期网络社会理论与传播理论结合开辟了道路，并最终在他的传播权力理论中定型。过去，权力的集中和资源的管理主要是由民族国家完成；如今，卡斯特发现这种权力根植

---

① Urry J. GlobalComplexity[M]. Cambridge: Polity, 2003: 11.
② 曼纽尔·卡斯特. 网络社会的崛起[M]. 夏铸九, 等译. 北京: 社会科学文献出版社, 2006: 167.

于传播(媒介)网络之中,传播起着核心作用,知识(信息)之于权力的重要性远超过军事和暴力。

3.2.2 以信息主义历史观为基础

解决了卡斯特网络定义和结构的问题之后,我们再来考察卡斯特网络观的基础问题,卡斯特"网络思想"是以信息主义(Informationalism)和信息技术范式(the Information Technology Paradigm)为基础,强调网络技术的重要性。网络的组织形式被历史关系联合起来,这种关系既被历史所建构,又受其限制,这是一种典型的历史观。

卡斯特定义了网络和网络结构之后,进一步认为信息和传播技术的发展作为网络出现和重生的一个先决条件,在"信息时代三部曲"中,以信息和传播技术为基点,阐述社会、个人乃至世界的方方面面。卡斯特将信息和传播技术,放在一个广义的范畴中,关注包括微电子、电脑(硬件和软件)、电信、广播,以及光电(Opto-Electronics)等汇合而成的整套技术[①],因为遗传技术的符号编码、解码和传播范围的日益扩大,卡斯特也将其包括在信息技术里。信息和传播技术是我们当前所处社会和技术变革的核心。他认为网络是信息时代的一个重要方面,当今社会的社会结构基于网络,更具体而言,是适应性强的信息处理和传播技术(ICTs)网络。网络是非常古老的形式和模式(例如运输、社交和电话网络),但基于信息和传播技术的网络和互联网重新定义了传播的时空概念,改变了信息表征、生产、消费和流通。以信息技术为指引,技术发展攀升到一个新的高峰,有两个特点:一是信息已经成为一种原料,信息被技术加工,而不是信息加工技术;二是新技术普遍影响力。因为信息是人类活动的一个组成部分,我们个人和集体存在的所有进程虽然不是由新技术媒介所决定的,但直接受其影响。

这种影响如此之大,以至于卡斯特提出了"信息主义"(Informationalism)概念,借此来描述以信息科技为基础、以网络技术为核心的新技术范式,认为它"正在加速重塑社会的物质基础",已经对当代社会的经济、政治、文化和全部社会生活以及相应的制度都产生了深刻影响,导致了社会结构的变迁,"并引出相

---

① 曼纽尔·卡斯特.网络社会的崛起[M].夏铸九,等译.北京:社会科学文献出版社,2006:26.

关的社会形式",这是当今"整个世界最有决定意义的历史因素"①。

卡斯特认为网络和网络逻辑拥有着巨大力量,能够促进我们世界的根本性转变,以指数方式增加人类传播和生产力的能力;作为一种历史趋势,信息时代的支配性功能与过程日益以网络组织起来。而网络化的逻辑则会导致较高层级的社会决定作用甚至由网络所表达出来的特殊的社会利益——流动的权力优于权力的流动②。网络建构了我们社会的新形态,而网络化逻辑的扩散实质地改变了生产、经验、权力与文化过程中的操作和结果。虽然社会组织的网络形式已经存在于历史之中,新信息技术范式却为其渗透扩张遍及整个社会结构提供了物质基础,他的"网络社会"这个词捕捉到了这个现实(稍后我们详细分析网络社会观点)。卡斯特的"信息主义"概念可被视为其对信息技术尤其是网络技术的崇尚。而网络社会的"信息主义精神",同样体现了信息技术对社会经济、政治、文化及其他各个方面的变革作用,卡斯特称之为信息化范式。可以说,信息主义就是由网络及其所根植的信息技术衍生出来的。

网络逻辑进入到这个图景中,卡斯特认为个人、群体、社区甚至国家都包括或排除在经济网络的权力中,根据人们"使用价值"定位的生活过程越来越多地受全球经济网络影响,创造控制日常生活的复杂手段,这便产生了一个张力,卡斯特将之表达为:"我们的社会越来越多地围绕着网络(Net)与自我(Self)之间的两极对立而建构"③,为此他又提出了"认同的力量",作为网络的反权力,具有地方空间自我解放的性质。

在这个意义上,卡斯特所表达的20世纪最后20年全球主要资本主义国家的特色是从工业主义到信息主义,由工业社会迈向网络社会的转型。受马克思主义思想的影响,卡斯特对比了两种发展的方式:工业主义和信息主义④。工业主义是由通过新形式的能源为动力,最终目的是生产的最大化和经济的增长。本质上经济利用资源以更低的成本生产更多的产品;而与之相对,信息主义的目标则是,通过技术发展的成果来生产知识。工业主义和信息主义的区别是:工业主义是基于经济的稀缺,即产品的成本和价值主要依赖他们的稀缺性;

---

① 曼纽尔·卡斯特.网络社会的崛起[M].夏铸九,等译.北京:社会科学文献出版社,2006:16.
② 曼纽尔·卡斯特.网络社会的崛起[M].夏铸九,等译.北京:社会科学文献出版社,2006:434.
③ 曼纽尔·卡斯特.网络社会的崛起[M].夏铸九,等译.北京:社会科学文献出版社,2006:3.
④ 曼纽尔·卡斯特.网络社会的崛起[M].夏铸九,等译.北京:社会科学文献出版社,2006:15.

信息主义则更关注知识的发展和网络的创建。以知识为基础的数字化信息能够远距离瞬时得到加工和存储,因此民族国家的力量衰弱,资本主义发展更多依赖一种普遍的信息系统穿越网络传递知识的能力。因此,对卡斯特来说,信息主义是后工业的,与贝尔相似,他将信息(信息持有者)置于更高的社会存在意义,并与整体性资本主义重组联系起来。

信息取代能源作为生产和经济增长的关键,知识当然是深度参与IT产业的增长,从而助推知识的积累向着复杂性信息和更高处理水平发展。最终卡斯特认为,信息和信息处理的重要性增强,创造了一个由电子媒介和传播网络组成的文化,即"真实虚拟文化"[①]。

"信息主义"也被国内学者概括为"以崇尚信息技术对社会的经济、政治、文化及其他各方面的功能和作用,把知识和信息视为社会的经济、政治、文化及其他各方面发展和变革的基础,把社会的信息化看作社会发展的主导趋势和基本动力的思想观念",可以说"网络主义"表达的是计算机和网络信息技术对当代社会所产生的决定性影响。[②]

3.2.3 以网络社会为社会形态

卡斯特认为信息主义造就当代网络社会的崛起过程:作为一种历史趋势,信息时代的支配性功能与过程日益以网络组织起来,网络建构了我们的新社会形态,而网络化逻辑的扩散本质上改变了生产、经验、权力与文化过程。

"信息时代三部曲"中,在网络定义和信息主义基础上,卡斯特将整个时代命名为"网络社会",从命名方式中可以看出,卡斯特对网络的强调和推崇,他将网络社会视为单一的概念来解释整个社会(结构)形态及其各种因素的运作。网络社会体现出两个基本特质:第一,在该社会中必须出现成熟的网络传播科技和资讯管理/流通科技(这些科技用来构成基础建设,以利管理愈来愈多的社会政治和经济事务),这些技术完全是数字化的;第二,网络社会再生产和体制化的特色,即在生产和体制化遍布于不同社会网络之内(也见于这些社会网络之间),作为大范围的社会、政治、经济等结构关系中人类组织以及人类关系的基本形式。简言之,由网络构成社会并促进各个领域的变迁。

---

① 曼纽尔·卡斯特.网络社会的崛起[M].夏铸九,等译.北京:社会科学文献出版社,2006:350-353.
② 谢俊贵.当代社会变迁之技术逻辑:卡斯特尔网络社会理论述评[J].学术界,2002(4):191-203.

卡斯特的网络社会理论将网络概念带入了更高层次的抽象,利用它作为描述与社会组织相关的宏观层面趋势。他表示网络在他的社会理论中的作用在宏观上通过以网络为核心的分析,构建一个宏大的技术经济分析体系,而后期,在网络权力中,他又通过将复杂理论和相关新网络概念的扩充,引入一个微观的网络视域。

网络社会历史根源是由三个独立的曲折发展过程关联构成:技术、政治经济以及社会文化发展变迁。技术发展是指在20世纪70年代微电子和信息技术在美国的兴起,特别是在硅谷;政治经济发展是指在20世纪70年代,由于石油危机、工业化作为一种生产模式和苏维埃(Soviet)式的中央集权而导致的资本主义危机和新自由主义的兴起;社会文化发展指的是20世纪60年代后期,社会运动的探索和寻求自由方面的成功。这些不同历史发展路径的融合,导致一个全球化的信息资本主义;最终,这些因素被网络社会理论组合在一起,立足于信息,卡斯特创造出一种新的生产模式和社会组织模式。

因此,网络社会是在当前历史时期出现的特定社会形态,卡斯特逐渐将其延伸到全球网络社会。它的主要特点是全球化,在经济和政治领域的信息化也可以见到;时间和空间上完全不同的概念出现,或者说不同的社会单位优先级,即网络对个人和社会群体均是不同的。卡斯特的主要论点是,网络社会的经济是一个依赖新技术的全球信息经济。

技术创新形成了经济的转变,使得经济变得信息化、全球化。这个过程包括生产、流通、消费以及它们的要素(如:资本、劳动力和原材料)均在全球范围内被组织起来,而它们也愈发依赖信息和科技要素以提高生产力和竞争力。

为了支持上述论点,卡斯特几乎搜集了全球范围的相关经验数据,用以证明全球服务岗位的增加,包括各种各样的信息处理。这并不意味着工业生产不再存在或与之相关,而是工业生产本身的信息化,换句话说,基于"信息技术范式",它被标上了新的逻辑和文化模式。这样的社会不再由独立的团体提供服务,比如个人或者通过聚居组织在一起紧密联系的集体。相反,这个社会可以以超越地域界限而灵活运作,这是网络在信息技术范式下的特质。这与以自上向下的方式运作的科层组织迥异,但它深深改变了市场和社群的结构及其运作方式。

3.2.4 以网络隐喻为分析取向

同样是关注网络分析,卡斯特与同时代网络社会学家和社会网络分析学者不同,他不是将网络作为一个分析性的概念(与威尔曼的社会网络分析和拉图尔的行动者网络分析方法有根本区别)。卡斯特并不关心网络技术本身和其内部运作,而是将网络概念作为一种隐喻,借此来捕捉当代社会关系中的技术性与结构形态基础。这导致了一个重要的结果:当卡斯特暗示网络也有着多元拓扑时,实际上他倾向于使用网络概念作为一个从先科层组织主导下释放出来的日渐去中心化、灵活和个体化的社会象征。这意味着网络的观念由技术网络文献中所描述的逐层控制的操作过程,转变为"开放和具有活力的系统"概念,这一改变奠定了网络社会理论坚实分析的基础。

对网络概念的使用,约斯特·房·龙(Joost Van Loon)曾反思:

"无论是在学术圈内外,'网络'这个词都已经成为一个知识词汇中的组成部分。它拥有一套复杂的、同时难以描绘的谱系。这是因为它并非一个简单的理论概念,可以在一定程度上追溯至某个特定的原创者。相反,这一概念的使用在一开始就是带有隐喻性质的。这个概念是一种修辞。"[1]

隐喻并不只是描述,而且是规定:隐喻积极构建我们试图理解的世界——社会学家约翰·厄里(John Urry)认为:"社会科学工作依赖隐喻,并且不同隐喻间的大多数理论讨论是由论争组成的"[2]。无论如何,我们都应当认真思考所使用的隐喻类型及其对塑造我们关于社会现实观念产生的影响。

首先,卡斯特对网络隐喻的应用体现在他将网络和网络分析作为对网络社会诸多现象实证研究的核心。自"信息时代三部曲"之后,网络既可以应用于国家、社会运动和网络企业,又可以应用于微观的神经生理学、心理学网络,甚至作为传播权力思想框架的分析起点。卡斯特网络隐喻的核心是网络企业的兴起,这也是卡斯特技术经济分析范式的内核,"网络企业兴起,人类第一次经济组织的单位不是企业而是网络"[3]。卡斯特在此是想解决关于资本主义复杂现

---

[1] Van Loon, J. Network. [J]. Theory, Culture & Society, 2006, 23(2-3): 307-314.
[2] Urry J. Global Complexity[M]. Cambridge: Polity, 2003: 42.
[3] Castells M. The Rise of the Network Society[M]. Blackwell: Blackwell Publishing Ltd, 2010: 214.

实趋势的根本问题,但他选择了网络作为对资本主义技术经济体系分析的基础。

其次,国家由民族国家发展成为网络国家,成为基于多层次和多部门协商决策系统中的一个节点,欧盟就是网络国家的典型案例。

再次,在对社会运动的分析中,卡斯特通过对网络社会新形式的抵抗、动员和政治参与的实证研究中,网络逻辑成为支撑新社会运动的基础,作为其对早期社会运动研究兴趣的延续,在《愤怒与希望:网络社会市民运动与抗议》这本书中,卡斯特对2011年风起云涌的网络社会运动进行了集中的甚至是近距离的观察,诸如"阿拉伯之春""西班牙的占领运动""美国的华尔街运动"由新传播工具网络支持的案例进行研究,突出了移动技术、社交媒体在日常生活社会动员中的作用。卡斯特认为这些抗议运动基本上依赖大众自传播网络,自主的传播系统,但并没有去考虑信息和传播技术如何在现实运动中渗透的具体意义,因此在这样的分析中网络隐喻具有启发性,但是其技术决定论的痕迹是挥之不去的。

最后,卡斯特对网络隐喻的应用还体现在他对技术语言的使用当中,卡斯特使用计算机网络语言,诸如编程(Program)、协议(Protocols)、转换(Swich)和节点(Kernel)来描述社会的逻辑,甚至将二者等同。当然这一点被作为其技术决定论的线索被英国批判传播学者克里斯蒂安·福克斯(Christian Fuchs)所批判[1]。

尽管如此,他还是一如既往地将其理论着眼于社会组织中的网络特征,这也透露出了一些当代社会、经济以及政治变革的本质,而最近的研究中,他将这种变革视角延伸至传统的权力哲学,开创了传播权力理论。

3.3　媒介时空观

现代信息和传播技术及其伴随的媒体和传播发展带来时间和空间转换的

---

[1] Fuchs C. Social Media: A Critical Introduction [M]. London: Sage, 2014: 88.

社会问题,是当前众多主流传媒和社会学家所必需关注的主题。传播学先驱英尼斯提出"传播时空偏向论"、麦克卢汉的"媒介时空相对论",而社会学家吉登斯提出"时空压缩"和"Action at Distance",斯科特提出"Transworld Simultaneity",与卡斯特并列为"城市社会学三剑客"的戴维·哈维提出的"时空压缩"论,都是在同一概念水平谈论时空问题,它们的共同点都是要理解当前全球变迁中,社会和生产如何从之前时空限制中解放出来,以及先前的地点、地域逻辑如何被由媒介和传播的物质支持的网络逻辑所超越。

对此,卡斯特也提出了自己的时空观,其核心就是在 21 世纪第一个十年,人类社会正经历着一场以信息处理和传播技术(ICTs)为核心的信息技术革命,它使资本主义社会再结构化,网络建构了我们的新社会形态,而网络化逻辑的扩散实质地改变了我们生产、经验、权力与文化过程,于是网络社会开始浮现。而卡斯特的时空观则是网络社会的重要特征①。

卡斯特的网络社会相较于之前的社会形态具有 5 个重要特点:信息主义精神、新时空结构、信息城市、社会认同和真实虚拟文化。其中新社会时间和空间的形成,是当代网络社会的重要特征,网络彻底改变了传统的时间和空间体验。在《网络社会的崛起》中,卡斯特以网络时空中时间的瞬间性和空间的流动性做出总结:"信息技术所造就的以电子为基础的传播系统已经彻底转变了人类生活的时间和空间基本向度。地域性解体脱离了文化、历史、地理的意义并重新整合进功能性的网络或意向拼贴之中,导致流动空间(Flow Space)取代了地方空间(Lacal Space)。当过去、现在与未来都可以在同一则信息里被预先设定而彼此互动时,时间也在这个新传播系统里被消除"②,最终流动空间支配了地方空间,无时间时间(Timeless Time)废除了工业时代的时钟时间,因卡斯特的时间和空间概念都是在信息与传播技术及其影响下的信息与传播技术网络所形构,故本书将之纳入到媒介时空论的范畴。接下来就具体探讨一下卡斯特的时间和空间观念。

3.3.1 卡斯特的空间观

卡斯特的空间观是以"流动空间"为核心,以空间的社会性为基础,以流动

---

① 曼纽尔·卡斯特.网络社会的崛起[M].夏铸九,等译.北京:社会科学文献出版社,2006:434.
② 曼纽尔·卡斯特.网络社会的崛起[M].夏铸九,等译.北京:社会科学文献出版社,2006:354.

空间与地方空间的二元对立为表现形式,并延续了其城市研究中的政治经济批判传统。

1. 流动空间的内涵及特点

"流动空间"概念在 Social Movements and the Informational City(1983)这本书中最早被提出,当时并没有明确,后在《信息化城市》一书中,卡斯特提出从城市发展过程描述组织之间的空间关系受信息传播网络和信息流动的影响,"网络连接使各组织所处的空间呈现一种流动空间的形态",这是流动空间理论的雏形。1992年卡斯特在一次国际会议发言中明确,并在《网络社会的崛起》中发展成为其特有的"流动空间"理论。

卡斯特把"流动空间"定义为"通过流动而运作的共享时间之社会实践的物质组织,这是一种新的空间形式"。所谓流动,"指的是在社会的经济、政治与象征结构中,社会行动者所占有的物理上分离的位置之间的那些有所企图、重复、可程序化的交换和互动序列"[1]。具体而言就是,"我们的社会是建立在流动的范围内的:资金流、信息流……组织流、图片流、声音流和符号流等"。而正是当代信息技术的革命性发展,如"微电子""电信""广播系统",才使得流动成为可能[2]。

卡斯特对流动空间的定义本身非常简单,但是他在一次访谈中,明确表示"理解我整个理论中最难的概念就是流动空间,但是它又是基本的概念,因为这是对我们生活中技术转型最直接的表达"[3]。人类通过各种技术手段将社会、文化、经济等活动信息化,形成了另一个以信息技术和网络为依托的世界,同时这种信息和传播技术的发展又削弱了时空对人类社会的限制,信息的传播提供了一条最便捷的途径,信息无时无处不在,各种流动都能发生。空间也被纳入网络的逻辑当中,其性质和意义发生根本的变化,这是一种新的空间形式——网络社会的主导性空间。

卡斯特认为流动空间是由三个层级构成:电子脉冲的回路、节点与核心,以及占支配地位的管理精英的空间组织。具体而言就是:

---

[1] 曼纽尔·卡斯特.网络社会的崛起[M].夏铸九,等译.北京:社会科学文献出版社,2006:384.
[2] 沈丽珍,等.解析信息社会流动空间的概念、属性与特征[J].人文地理,2012(4):15.
[3] 曼纽尔·卡斯特.网络社会的崛起[M].夏铸九,等译.北京:社会科学文献出版社,2006:59.

第一,传播基础设施及其相关的电子空间,如互联网和其他形式的信息传播技术;第二,互动网络与操作和属于这种网络的人类栖息地。这可以体现在国际资本转移、航空公司路线、个人和企业的关系以及跨国行动者的业务网络中;第三,这些网络中的节点和集线器。这些是连接汇合的地方,例如全球城市、重要机场、股票市场,这些是流动空间的空间关系。在《流动空间的草根化》一文中,他又补充了流动空间的第四个扩展,增加了电子空间①。可见流动空间本质上是一种流动化的信息空间,它依赖信息技术不断地创新革命,在此基础上流动空间的全球支配性结构通过信息符号的操作整合遍布全球。一切交流媒介和互动方式,并在这些媒介之间实现信息的互动塑造权力结构,最终形成了信息网络空间的全球性支配结构。

流动空间的崛起带来了人类空间实践的深刻变迁,这种变迁远超技术生产关系的范围,"以网络为基础的社会机构,是一种高度能动的开放系统,乐于创新而不危及它的平衡。网络无论对于立足革新、全球化和去中心集聚的资本主义经济,对于立足于灵活性、适应性的工作,工人和公司,还是对于永远在结构和重构中的文化以及旨在压抑空间、消灭时间的社会组织,都可谓如虎添翼,但是另一方面,网络社会形态也是权力关系剧烈重组的一个资源"。

2. 流动空间与地方空间

上文我们已明确了流动空间的概念和本质,与之相对,卡斯特提出了"地方空间"的概念,我们所处的空间在传统社会被称为"地方空间",即"一个形式、功能与意义都自我包容于物理临近性之界线内的地域",也就是说,它是一种地方性的、有边界的、不受界线之外事物影响的空间,身处其中会有一种社区感、归属感。以地域为基础的地方空间,也是绝大多数个人感知和生活的现实空间。而进入网络社会之后,"流动空间"逐渐取代"地方空间"成为主导形式,它"通过流动而运作的共享时间之社会实践的物质组织"②,并与"无时间时间"一起,共同构成了"真实虚拟文化"的基础③。

---

① Castells M. Grassrooting the Space of Flows[J]. Urban Geography,1999,20(4):294-302. (中文翻译:林秀姿.流动空间的草根化[J].城市与设计学报,1998(5/6):1-9.)
② 曼纽尔·卡斯特.网络社会的崛起[M].夏铸九,等译.北京:社会科学文献出版社,2006:384.
③ 曼纽尔·卡斯特.网络社会的崛起[M].夏铸九,等译.北京:社会科学文献出版社,2006:383.

卡斯特注意到了流动空间所塑造的全球化趋势和地方空间的矛盾与互动，将地方空间和流动空间放置在一个二元对立的结构中，这种结构最终塑造了网络社会（包括权力关系）变迁的基础。对卡斯特而言，在流动空间和地方空间的二元基础上，还可以引发出一系列类似的二元对立，诸如，全球网络空间与局部（地方）空间；网络与自我之间的对立等等，其核心就是流动逻辑的渗透与表达。

虽然流动空间的"结构逻辑"可能"无确切地方"，但事实上"地方并没有消失"，他们只是"被网络吸收了"，在网络中"没有原本就存在的地方"，因为它的位置与意义都是"由流动所界定的"①。在卡斯特的思想当中，流动空间是"积极地"具有主导性的，流动空间的支配逻辑采取了两种主要形式：精英形成了自己的社会，构成象征上隔绝的社区，躲在地产价格的物质屏障之后，以及企图营造一种生活方式与空间方式之设计，统合全世界精英的象征环境，超越每一个地域的历史特殊性；地方空间则是"消极的"反抗，带有历史惯性，往往与认同、反抗与疏离结合在一起。

卡斯特在网络形态和全球化过程之间建立了明确的联系，并将这两个概念放在一起。在国际股票投资和贸易中，跨国公司有能力在全球范围内协调生产、投资和传播战略以及人们通过信息传播交流和接收信息的技术能力。

一些团体，例如国际商人、政治家和富人，在全球范围内几乎不受限制地运动，但这与其他人形成对比；另一部分人在全球化方面往往受到更多的限制，例如难民、非技术人员、穷人或流离失所者，他们往往有相当有限的移动自由。在这方面，卡斯特将流动空间的全球化性质与地方空间的本地化性质进行了对比。对卡斯特而言，地方是独立的，扎根或固定在地理上有限的连接，难以超出自己的领土或地域，它是空间和时间问题的竞技场以及大多数经验的领域——地理上有限的地域或地方。而在流动空间中，作为"人"或"地方"的存在是连接到超越地方范围并且不受限于它的网络。随着网络社会的到来，在网络中流动空间的存在至关重要，因为"地方"可以很容易地被网络包括或排除（"接通"或"断开"），因此是脆弱的。

卡斯特从区分流动与地方的关系入手是正确的，这对所有网络社会中的空间社会理论都非常重要，但是从完全独立的"逻辑"上认为流动空间与地方空间

---

① 曼纽尔·卡斯特.网络社会的崛起[M].夏铸九,等译.北京：社会科学文献出版社,2006:394-395.

是两个完全对立的观点则是错误的。在随后的空间分析中,他也认识到"新的历史格局终究不会由于地方空间与流动空间的分离而形成,而是产生于地方空间与流动空间的交汇处"①。

卡斯特对流动空间和地方空间的论述不是抽象的,而是建立在经验实证的分析基础上,他观察城市中生产方式与信息技术发展的转变,信息处理活动成为主导生产的核心,决定生产活动在空间上的分布,透过网络连接,生产单位由大规模的组织、大规模的生产转化为以网络连接的分散、弹性生产,在组织管理的空间特性上以流动空间代替地方空间。

3.3.2 卡斯特的时间观

卡斯特在提出流动空间的同时,也提出"无时间时间"理论,认为我们正生存于"流动空间"的"无时间时间"中,以此来分析网络时间变迁,这一概念生动地展现了网络社会中时间的形式和力量:资本摆脱了时间的束缚,文化摆脱了机械钟表的影响,这些都受到新信息系统和技术的决定性影响,属于网络社会典型特征。卡斯特对"无时间时间"的论述为我们从"社会-技术"脉络下理解人类时间转化提供了一个全新的视角,同时也可以帮助我们深入理解传播技术与时空的关系。

1. 技术和时间的关系

早在20世纪60年代末,麦克卢汉把电子时代加速发展的结果比喻成"地球村"。随着社会和正式单元的加速拓展,麦克卢汉预测,在这个加速时代,空间不再起任何作用;在这个信息爆炸时代,一切都可以同一时刻出现在各个地方,无论远近。传播媒介形成"时间政权"的关键性结构,对此哈罗德·英尼斯有详尽描述。卡斯特也是追随这样的理论,他认为"网络社会中的时间创造了新的时间哲学。……事实上这种新型时间结构是与传播技术的发展结合的"②。而这种变迁和发展并非无源之水,需要从人类历史和生活的变化中去发现。

时间是在特定历史下适应人类实践活动需要的产物,这和空间逻辑类似:

---

① 曼纽尔·卡斯特.网络社会的崛起[M].夏铸九,等译.北京:社会科学文献出版社,2006:25.
② 曼纽尔·卡斯特.网络社会的崛起[M].夏铸九,等译.北京:社会科学文献出版社,2006:400.

"人类体验、感知时间的方式不同,这取决于他们的生活是如何构造和运行的。纵观历史,人类通过一系列实践和感知来给时间下定义。"①

卡斯特从历史的维度考察了人类时间观念和社会变迁关系。在古代,管理时间是君王和神权的象征。普通老百姓是通过日月起落、农耕周期和有规律的季节更替来形成时间观念;中世纪人们用大事件,比如农耕周期、祭祀来记录历史,他们生活在一个自然的状态,跟随自己和其他生物的生物钟生活。在这样的社会是以生活时间来定义工作时间。钟表发明以后,一切都改变了。现代社会,我们必须接受的一个事实是——"工作时间定义生活时间"。因为时钟变成了规范社会的工具。人类和其他事物的节奏都是通过时间或者所谓的时钟来计算和评估的。在资本主义条件下,时间更是和工作效率和生产管理联系在一起的。

但是我们不能脱离空间去抽象谈时间,二者是紧密结合的。卡斯特认为"时间是空间的结晶"②。在网络社会条件下,因为信息和传播技术的作用,所有技术能加速实体运输和信息传播。空间既然变成了流动空间,它就会通过打乱事件发生的顺序来分解时间,导致在该脉络里运作之现象的序列秩序发生系统性扰乱。卡斯特总结道:"线性的、不可逆转的、可测量的、可预测的时间在网络社会中被破坏,这种变革非常深刻,具有非凡的历史意义。"③"'无时间时间'利用技术来摆脱其存在的背景,并选择……压缩时间到极限等于使时间序列,从而时间消失……资本的时间和文化的时间的自由从新的信息技术,并嵌入网络社会的结构之中。"④

2. 时间压缩、打破节奏和永恒:无时间时间的运作逻辑

"无时间时间"是在以信息技术为基础的网络社会结构变迁中实现的,卡斯特在实证的基础上通过跨领域的分析,论述了导致先前各种时间出现紊乱。"无时间时间"出现的具体形式,即"压缩各种现象的发生,指向即时瞬间,或者在时间序列中引入随机的不连续性。序列的消除创造了未分化的时间,而这形

---

① Castells M. The Rise of the Network Society[M]. Blackwell: Blackwell Publishing Ltd,2010:xxxix.
② Castells M. The Rise of the Network Society[M]. Blackwell: Blackwell Publishing Ltd,2010:441.
③ Castells M. The Rise of the Network Society[M]. Blackwell: Blackwell Publishing Ltd,2010:463.
④ Castells M. The Rise of the Network Society[M]. Blackwell: Blackwell Publishing Ltd,2010:464.

同永恒"①。

卡斯特借助哈维的"时间压缩"概念具体来描述"无时间时间",本来作为过程、展开环节、呈现为节奏的时间,被压缩成转瞬即逝的"无时间时间"。但是"无时间时间"只存在于数字时代中,数字技术让时间变为"无时间状态"。卡斯特认为资本主义是压缩时间的直接原因。资本由于各种相关的原因(例如劳动力人数的增加,包括妇女)进入劳动力市场和采用先进技术,其根本目的则是追求剩余价值增长。时间压缩是资本经济中的价值来源,其压缩了工作和生活时间。技术是资本主义发展的基础,时间是资本经济的源泉。时间和空间的压缩最明显表现在国际资本市场的"全球赌场"上。20世纪末,随着资本主义再结构过程,信息资本主义和信息经济兴起,历史上第一次以一个"即(瞬)时"方式运作的全球统一资本市场出现,数十亿美元在几分之一秒内就可以被发送到全球各地。卡斯特认为网络企业的行业时间非常灵活,在这里,时间不是增加了,而是被处理了。"只有拥有网络联系的组织形式以及越来越高效、灵活的机器来进行信息处理,才能保证时间的灵活管理,这也是高效能企业的保障。"②

同流动空间的分析如出一辙,卡斯特所谓的"时间压缩"体现在包括经济、政治和文化等所有人类社会活动中,通过详细的跨学科实证分析,"瞬时发生的资本交易,弹性的企业时间,可变生涯工作时间,生命周期的模糊化,通过拒绝死亡寻求永恒、即时战争和虚拟时间的文化,都是网络社会的时间特征,它们在发生时系统地混合了各种时态"①。

卡斯特发现越来越占主导地位的时间模式对传统人类生活和死亡循环经验的影响(死亡越来越多地通过医疗技术被推到时间和视野之外,结合调停生命的"消毒",尽可能长时间地保持人的生命,但破坏了"死亡"和哀悼的有益存在意义)。死亡一直是人类有限周期性的同义词,现代社会"人类时间"受到医疗技术恩惠而蓬勃发展,被系统地"否定",人类的时间意识(主要是"发达社会")不可避免地从根本上受到影响。

他对战争现象也进行了考察,揭示了从传统战争需要社会认同的大量参与让年轻人遭受痛苦,转向了在流动空间和无时间时间中展示的瞬时技术革命的

---

① 曼纽尔·卡斯特.网络社会的崛起[M].夏铸九,等译.北京:社会科学文献出版社,2006:430.
② 曼纽尔·卡斯特.网络社会的崛起[M].夏铸九,等译.北京:社会科学文献出版社,2006:407.

相关。瞬时性手段上进行的战争并不影响整个社会,而是对军事人员(至少在技术上先进的国家)造成的伤害最小,但是对整个社会影响是在加强新的时间模式方面,因为它们没有以前战争的长久影响,而是在信息和娱乐的屏幕上大部分被认为是雷达上的。新形式的暴力,例如在媒体中占据突出地位的所谓"恐怖袭击",影响了集体精神,而不是选择性报道全球支持的国家军事活动。

卡斯特提到的最后一个现象,即虚拟时间,对于不同时间间隔之间日益增长的间断的目的来说至关重要[①]。他将"真实虚拟文化"归因为"时间变迁的两种方式:无时间性与同时性,它们在全球覆盖的媒体传播中呈现出时间的瞬时性,在计算机媒介、交互式的传播中以及媒体的混合时代,一个真正的时间拼贴出现"[①]。

卡斯特假设网络社会打破生物与社会节奏,这种节奏与生命周期概念相关。他通过一系列的实证分析试图说明:信息与传播技术已经将人类和社会的节奏摧毁。最终流动空间受到无时间时间的影响,当信息模式和网络社会的关联性特点变成一个在此背景下发生的现象次序的系统刺激,那么无时间时间(永恒的瞬间)得以产生。事件的顺序创建历史性,而在流动空间中,它被取消了。在网络中,传统的生物时间和机械时间都不复存在。这样的无时间时间,它使得未来、现在和过去这些次序消除,并陷入一种"事件的自动化、随机的序列之中,这个序列是由市场、技术、地缘政治秩序或生物测定的不可控的逻辑转换而来"[②]。

3.4 大众自传播

卡斯特在对网络社会中传媒转型实证研究时,还提出了大众自传播模式(Mass-Self Communication),并认为这是网络社会的一个新历史特征。

随着媒介技术的演进所带来的传播方式和模式研究始终处于人类传播研究的核心,工业社会的传播理论着重于大众媒体,提出从一到多的单向信息传

---

① 曼纽尔·卡斯特. 网络社会的崛起[M]. 夏铸九,等译. 北京:社会科学文献出版社,2006:427.
② Castells M. The Rise of the Network Society[M]. Blackwell:Blackwell Publishing Ltd,2010:508.

播模式。但这个传播概念体系不足以解释今天的网络社会传播现象。卡斯特对网络社会媒体变迁分析,恰恰是要在社会形态和发展模式重构中对这个问题的回答,当然这些分析不是凭空产生的,是伴随对网络社会逐渐深入研究,建立在对历史变迁和社会现实的实证分析基础之上,这也是大众自传播模式提出的背景。

3.4.1 媒体系统的变革

卡斯特在论述网络社会崛起之时,也顺带描述了人类传播模式的变迁,这一点前文已稍作论述,卡斯特对口头传播传统直到电视传播都详细考察了一番,它们所代表的是单向传播模式,特别是以电视为核心的电子传播时代,在卡斯特的描述中,因信息与传播技术革命引发了一系列媒介变革,诸如从单向电视文化、观众多元化接收的空间很小的状况逐渐过渡到多元化、多方面的接收文化;卫星电视以及录像带录音设备的推出(VCR)和摄像机发展的方向不可避免地导致在接受方式从相对"被动"到发挥更积极的作用:在选择节目和录制电影方面发挥更"积极"的作用,最终通过"家庭"空间传播。然而,无论电视技术和传播发展如何更好地融合,除了"最原始的"市场研究之外,发送者和接收者之间没有"互动传播"。

卡斯特指出,真正的互动,这不得不等到——不仅仅是计算机的发展,而是使计算机相互"交流"的技术:互联网的出现。卡斯特对互联网发展的历程进行了详细研究[①]。卡斯特将这一技术转化带来的传播转型描述为:"将各种传播模式融合到交互式网络中……形成超文本和元语言,这是历史上第一次将口头、书面和视听方式融入同一个系统的人类传播。在大脑、机器和社会环境之间,人类的精神在新的互动中重新融合"[②]。

20世纪末,不同性质和功能的网络在经过近半个世纪的发展之后就被互联网整合在一起了,卡斯特强调,人们不应该低估"信息高速公路"(Internet)出现的意义,因为它从根本上改变了传播的特点,这导致了前所未有的灵活性、多任务执行,协调决策和分散执行,个性化表达和全球横向沟通的组合,为人类行

---

① Castells M. The Internet Galaxy: Reflections on the Internet, Business, and Society[M]. Oxford University Press, 2001:9-36.
② 曼纽尔·卡斯特. 网络社会的崛起[M]. 夏铸九,等译. 北京:社会科学文献出版社,2006:309.

为提供了优越的组织形式①。新的技术体系虽然还未成熟,但其"全球影响力,所有传播媒体的整合及其互动性正在发生变化,永远改变了我们的文化"。在数字时代的今天,互联网、移动传播、数字媒体和社会化媒体软件的各种工具的普及,个人能够在选定的时间内发展本地互动或全球交流的横向网络②。因此,网络社会已然建立在"多模式交换互动信息的全球横向传播网络之上"。实际上,卡斯特后期对媒介变革的考察,基本上是建立在媒介融合发展之上的,他对媒介产业融合的研究吸收了亨利·詹金斯(Henry Jenkins)的融合文化理论。

3.4.2 大众自传播出现

上述变迁,可以作为一个背景,在互联网深入发展、社会化媒体创新层出不穷的时候,卡斯特提出了大众自传播模式,并认为这是当代社会一个新的历史特征。

"大众自传播:它是大众传播,因为它通过P2P(个人)网络和互联网连接到潜在的全球受众;它是多模态的,因为内容的数字化和发达的社会软件,通常基于可以免费下载的开放源代码,允许以几乎任何形式重新格式化内容,并通过无线网络分发;它是内容自我产生的、自我引导的传播,并在多人与多人传播中接受自我选择。我们确实在一个新的传播领域,其骨干是计算机网络,其语言是数字的,其发送者是全球分布式和全球互动的。卡斯特这样定义大众自传播:

它是大众传播(Mass),因为它可以潜在地接触到全球受众,如在YouTube上发布视频,一个具有RSS链接到一些网站的博客,或者是一个大量的电子邮件列表的消息,群发邮件。同时,它也是自我传播(Self)的,因为消息的生成是用户自我生产的,潜在接收者的定义是自我导向的,并且从万维网和电子网络检索的消息或内容是自我挑选的,这三种传播(人际传播、大众传播和大众自我传播)彼此并存,相互作用和互补,而不是相互替代。他们在历史上曾经很新

---

① Castells M. The Internet Galaxy: Reflections on the Internet, Business, and Society[M]. Oxford University Press, 2001: 2.
② Castells M. Communication, Power and Counter-power in the Network Society[J]. International Journal of Communication, 2007(1): 246.

奇,对社会组织和文化变革有相当大的后果。但如今,所有的传播形式结合在一起,由此产生复合的、互动的、数字化的超文本;超文本把人类互动产生的一切文化表达搜罗在其中,将其混合和重组,表达出多样性。①

这种传播对社会组织形式和文化都具有巨大的变革性作用。

在2007年前后,卡斯特最早提出大众自传播概念之时,还是博客一统天下的局面,卡斯特当时更多的是强调博客的力量。随着社交媒体井喷式的发展,卡斯特与时俱进,对新的社交媒体模式及其全球影响都进行了实证分析②。

但无论何种演变,大众自传播发展的技术根源都来自高速移动宽带扩散、开源软件开发和应用,良好用户界面和体验而造成的Web 2.0的当代演变。

大众自传播的扩散并不局限于技术,还在于社会化受众和文化背景的转化。与之相关的概念是"创造性受众"和"自主性创造文化"的分析。

当代互联网由试图使互联网商品化的全球多媒体商业网络和那些试图建立——对公民控制,并且声称没有公司控制传播自由权利的"创造性受众(Creative Audience)"之间的冲突所造就③。卡斯特的分析主要强调从"大众传播"到"大众自我传播"的转变,受众的角色从作为广告、电视和无线电信息传播的被动目标,转变成为积极的解释者和传播的生产者,在新环境中成为"网络公众"。为解释受众新作用,这种受众研究是传播理论的核心,为了描述这种转变,卡斯特回到了传播信息接受双方的传播学基本线性模式。这个是基于传播学先驱香农(Shannon)和韦弗(Weaver)的经典线性模式(Sender-Message-Channel-Receiver Scheme of Communication)。"该理论诞生之初,就主张将传播工具化,认为传播纯粹是从一级向另一级传递信息,且力求在传递过程中让信息完整复制和再现的过程。"④但在这个模式基础上,卡斯特更强调信息(这里,卡斯特强调 Message Emitted/Received as Signified)传受(Sender/Receiver)过程的一些结构性的变化,这个变化是由信息发送者和接收者的融合引起,信息的发送者和接收者同时变成了一种传受合一的双重角色。

---

① Castells M. Communication, Power and Counter-power in the Network Society[J]. International Journal of Communication, 2007(1):248.
② Castells M. Communication Power[M]. New York: Oxford University Press, 2009:55,70.
③ Castells M. Communication Power[M]. New York: Oxford University Press, 2009:80,97,136.
④ 埃克里·麦格雷.传播理论史:一种社会学视角[M].刘芳,译.北京:中国传媒大学出版社,2009,56.

用卡斯特的话来说就是:"在同一主体中融合,因此该主体必须协调好他所发送消息的代码和他所收到消息的代码之间的意义,以便产生他自己的能指(对传播中的个体来说的信息意义)。"

卡斯特借鉴了安伯托·艾柯(Umberto Eco)(1975)的符号学理论,对艾柯的传播模式进行了重新设计,提供了一个信息时代升级版受众模型,如图3.1所示。

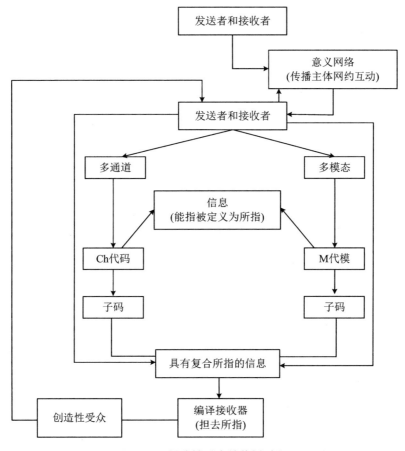

图 3.1 创造性受众的传播过程

在对艾柯受众研究和符号学的借用中,卡斯特引用艾柯在 20 世纪 80 年代《观众对电视有不良影响吗?》(*Does the Audience Have Bad Effects on*

Television?)一文①中对电视的批判研究,承认传播受众对信息的解释主动性,强调受众从发送者中解读信息的符号的能力,在特定消息的接收过程中添加自己的代码和子代码,认为总是需要解释和文本阅读者的互动,让读者(或观众)自由地对文本加以阐释。但意义和受众身份的建构与社交媒体中的受众角色是一个涉及不同层次的阐释,需要一种新的能力来理解组织中社交媒体的作用,大众自传播模式核心就是通过创造性受众实现意义的互动生产,自我在创造性的过程中得以实现。卡斯特说:"在大众自传播中,传统入口控制行不通了,任何人都能够上传视频,写博客,开论坛,创建邮件列表——换言之,人人都有创造性自主权"②。这种自主性传播方式意义非凡。

3.4.3 大众自传播与权力

卡斯特认为权力关系是社会的重要组成部分,因为拥有权力的人依据其价值观和利益来建立社会的组织机构。在研究传播转型和传播权力建构的时候,他尤其关注数字时代传播转型中的权力和反权力问题。通过强制(合法或非法手段控制国家,垄断暴力)和象征性地操控机制在人们头脑中建构意义两种方式,权力就得以实现,而后一种机制愈发重要,卡斯特采取一种传播中心的分析范式将其定义为"传播权力"。社会组织机构,尤其是国家,映射出权力关系。但是,社会是如此的纷繁杂芜,哪里有权力哪里就有反抗(反权力)。所谓"反权力",即"社会行动体得以挑战和抵抗制度化权力关系的能力"③,通过"反权力",社会行动体可以主张自己的价值与利益,而这些价值和利益通常是不被社会所代表和体现的。变革社会的行动体们可以采用与网络社会权力生成机制相同的形式与过程,来对权力生产机制产生重要的影响,这就是反权力。卡斯特所谓"反权力"形式集中体现在社会运动和社会动员过程中。

权力网络主要(但不是唯一)通过大众传播的多媒体网络来影响人的精神(关于这一点,我们将在第 5 章深入阐释)。所以,传播网络是权力产生的决定

---

① Eco U. Does the Audience Have Bad Effects on Television? [M]//Lumley R. Umberto Eco: Apocalypse Postponed. Bloomington: Indiana University Press,1994:87-102.
② Castells M. Communication Power[M]. New York:Oxford University Press,2009: 55.
③ Castells M. Communication, Power and Counter-Power in the Network Society[J]. International Journal of Communication,2007(1):239.

性来源①。卡斯特强调了全球多媒体集团构建的权力网络及其产业关联,这些与国家和国际政治有关的因素至关重要。他把当代的历史情况看作是网络冲突造成的:一方面,拥有多媒体业务的权力网络,目的是将互联网私有化和商业化,并扩展和开发这些新市场;另一方面,由大众自传播塑造反权力的网络,通过个人反叛政治和社会运动为社会变革提供张力。如果权力的运作是通过组织与调度,那么反权力,也就是刻意改变权力关系的企图,通过网络重组来改变利益与价值观或者破坏主要的编程和转换开关,并切换到抵抗与社会变革的网络。

上文分析了卡斯特(2009)提出的"创造性受众"②和自主性文化的观点,卡斯特认为随着 Web 2.0 平台的发展,受众掌握其传播实践的潜力已经增加,产生了前所未有的自主水平,充满了网络社会运动所见证的解放可能性。大众自传播为社会运动和个人反叛建立自主权和面对社会机构通过自己的条件来推广自己的项目提供了媒介,大众自传播提供了"'非凡的媒介'为社会运动建立自主权,以及他们自己的角度和围绕自己的计划直面社会制度"③。

新的网络社会运动依赖社交媒体进行动员,同时也在运动中寻求传统媒体的联系和干预,以影响社会舆论。其核心就是以大众自传播为支持的一系列特征。大众自传播网络拥有新的权力处理意义的建构,同时依靠提供动员集体社会行为者的技术平台,挑战社会制度。在这种理论支持下,卡斯特在《愤怒和希望的网络:网络时代的社会运动》(*Networks of Outrage and Hope*)一书中,通过民族志方法详细研究了 2011 年源自阿拉伯世界的"社交媒体革命",起源于阿拉伯世界的网络社会运动,遭到了阿拉伯等政权的无情镇压,结局也是各不相同,卡斯特把它们称为新的社会运动形态,是因为在此过程中,大众自传播起了决定性的作用,这一基于互动的横向传播网络,基本上无法被政府和大企业控制。大众自传播过程的特点决定了社会运动自身的组织特点。传播的互动

---

① Castells M. Communication, Power and Counter-Power in the Network Society[J]. International Journal of Communication,2007(1):249.
② Castells M. Communication Power[M]. New York:Oxford University Press,2009:127.
③ Castells M,Linchuan Q J,Fernandez-Ardevol M. Mobile Communication and Society:A Global Perspective[M]. Cambridge:MIT Press,2007.

性与自组织能力越强,组织的等级结构就越简单,参与性就越广泛[1]。在这场运动中,大众自传播网络处理了权力所依赖的意义构建,提供集体社会行动动员的技术平台,挑战了社会制度。

在另一种意义上,维基解密亦可以被描述为一种利用大众自传播的社会运动和动员的形式,维基解密在全球范围内已经开发出一个横向传播网络,它提出了"旨在改变社会制度化的价值观和利益的集体行动"[2]。个人通过发布信息自由地贡献内容,这些信息大多是恐慌、敏感或有价值的。因此,维基解密通过改变社会的权力关系来挑战制度。卡斯特认为,大众自传播网络中建立自主政治议程的社会行动者能力比大众传播中的更大[3]。维基解密创始人朱利安·阿桑奇利用传统媒体和他的传播网络来制定公共议程。通过一系列动员,大众自传播对社会现有价值、利益和制度产生重要影响。社会行为者、反叛个人和网络有更大的能力通过全球横向网络传播的方式挑战社会的既定机构。这与传统的大众媒体不同,大众自传播中没有单一类型的信息或节点。维基解密一旦在欧洲面临法律诉讼,其追随者便会开启数百个网站的镜像。传统权力机构几乎不可能在这个新的传播领域阻止信息流动。因此,维基解密在大众自传播领域的实践具有样本意义。

---

[1] Castells M. Networks of Outrage and Hope: Social Movements in the Internet Age:[M]. London: Polity. 2015,6-15;高雅. 社科著作《愤慨与希望的网络:互联网时代的社会运动》英汉翻译实践报告[D]. 兰州:西北师范大学,2015.

[2] Castells M. Communication, Power and Counter-power in the Network Society[J]. International Journal of Communication,2007(1):249.

[3] Castells M. Communication, Power and Counter-power in the Network Society[J]. International Journal of Communication,2007(1):257.

第4章 卡斯特的传播文化观

本章着重分析卡斯特提出的传播与文化概念之间的联系,从二者之间特殊的交集来管窥卡斯特传播文化观及其复杂性特点。然后再探讨卡斯特在不同时期关注传播文化的具体问题,如"真实虚拟文化"形式、互联网文化的组成以及全球文化变迁的结构形式等。

4.1 传播与文化的概念结构

4.1.1 传播与文化之间的关联

理解卡斯特传播文化观,首先必须处理卡斯特思想中传播与文化之间的关系。但其传播与文化的话题很难作为一个独立领域,这基本上是与卡斯特思想的主线紧密结合。根据卡斯特的观点,全球经济、社会和文化完全是网络化和信息化的,尤其因新信息和传播技术的兴起,媒介和传播不仅被视为社会和文化的一个基本因素,而且走向了其核心。自20世纪中后期,全球社会经历了一场剧烈的信息技术革命,这影响到了当代社会结构和人类行为,也影响了我们理解传播和社会、文化的结构性关系和当代形态。有关文化和传播之间的关联,台湾学者黄葳葳在其著作《文化传播》中综述了两种观点:

第一,文化即传播,传播系文化,学者赫尔在他的著作《沉默的原理》书中说明文化传播为一体两面,文化与传播的意义相似;金勇、杨勇,则从跨文化适应的角度,主张文化与传播是同义词。第二,文化为结构传播过程,文化与传播相互纠结在一块,文化传播的基础影响人们对信息的接收,传递和解码人们对讯息理解的差异,凸显文化的差异,这两种观点各有不同的理论基础,就目前迈向21世纪的阶段,随着传播媒体的发展不只是过程,也是讯息的再现,因而若延伸传播的应用范围,我们可以确定传播就是文化,文化即传播①。

但在卡斯特的思想中,传播和文化概念在各自路径中不断变化,同时二者关系也是复杂多变的,这导致其思想视域下传播与文化关系的复杂性。总体而言,卡斯特将传播文化理解为一个结构,传播文化作为与之关联对象之间的结构联系,诸如传播文化与经济、技术之间的作用,传播文化与信息(媒介)技术之间联系的相关问题探讨。因卡斯特对待概念和理论一贯态度,我们无法完全追踪传播和文化具体的理论脉络,只能从他大量实证案例、数据和信手拈来的概念使用中爬梳相关线索来进行概括。

卡斯特思想中传播与文化间的关系并不是固定的,而是随着论述的社会结构背景、研究范式发展不断变化,这主要体现在:卡斯特在从《信息化城市》到"信息时代三部曲"(尤其是《网络社会的崛起》提出网络社会理论)之后,主要采用一种技术经济分析,传播与文化之间关系也是围绕技术经济分析的具体问题展现;而到了《传播权力》研究阶段,其传播和文化论述过程又是与权力的整体过程联系起来,不仅涉及宏观的社会组织模式和权力结构,还涉及微观的权力心理(思想)框架分析过程。

总体而言,卡斯特对传播与文化的分析,主要体现为三个分析视角,下文我们将围绕这三点来展开深入分析。

4.1.2 传播文化三个关联视角

1. 传播、文化与信息传播技术的信息处理和信息象征能力紧密相连

在从《信息化城市》到"信息时代三部曲"提出"网络社会理论"之后,卡斯特对整个社会趋势的研究主要采取一种技术经济分析范式,信息主义和信息技术范式是的核心范畴,他将资本主义再结构作为时代变迁的驱动力,与信息和信息传播技术(ICTs)的发展紧密联系在一起。卡斯特认为信息和传播技术变革

---

① 黄葳葳.文化与传播[M].台北:正中书局,1999:44.

是社会历史变迁的核心因素,而这又与文化和社会行为有着相互作用的。在论述的过程中,传播、文化的结构联系若隐若现。

在卡斯特对"信息主义"的论述中,信息是以文化为基础,信息处理实质上是基于现存知识(也就是经由科学与社会实践证实的经过整理的信息)的符号操作。因此,新信息与传播技术在资本主义创新过程中的主要作用是在社会文化、科学知识及生产力发展之间建立更为紧密的联系。他提出生产力、科学知识和社会文化之间的紧密联系,实际上就是,在经济生产、象征性创造力或者文化之间,创造和传播信息的象征能力处于核心位置。

这种象征能力与卡斯特提出的信息和传播技术的特性相关,由本书第2章的分析我们已清楚,卡斯特把信息与传播技术看作新经济和社会的物质基础,对他而言,信息技术是一个宽泛的概念,一般来说,是"会聚集的微电子技术,计算机和软件,电信/广播和光电子产品。此外,还包括信息技术、基因工程及其扩展发展和应用程序"[1]。然而,在卡斯特技术分析框架中,也有一些传播特有的特点。他说:"不同于其他任何革命,我们当前正在经历的变革核心,是指信息处理和传播技术"[2]。纵观卡斯特不同时期的研究,"信息与传播技术"概念是多维度的,而这里更多是指基于信息和符号的数字流动[3],当然也包括信息的处理。

卡斯特虽然对信息没有使用特别清晰的定义,但他的核心兴趣恰恰在关注知识和信息是如何随着新信息和传播技术的发展而改变。他认为信息和信息处理的重要性在增加,在新信息发展方式中,生产力来源于知识产生,处理信息和象征传播的技术,这一点,我们认为在一定程度上卡斯特思想中信息与传播紧密相连,而这在特定范围内构成了卡斯特传播与文化的勾连。

一方面,在不同场合,卡斯特理解信息处理实质上是基于现存知识的符号操作。但因新生产力是以信息为基础的,它的发展与社会符号生产操作的联系比以往更紧密,这实际上是理解传播作为信息处理(过程),这个过程最终体现为信息符号的传播(或扩散),在卡斯特的技术社会分析体系当中,传播符号、信

---

[1] 曼纽尔·卡斯特. 网络社会的崛起[M]. 夏铸九,等译. 北京:社会科学文献出版社,2006:26.
[2] 曼纽尔·卡斯特. 网络社会的崛起[M]. 夏铸九,等译. 北京:社会科学文献出版社,2006:27.
[3] Heiskala R. Informational Revolution, Thenet, and Culturalidentity. A Conceptual Critique of Manuel Castells' The Information Age[J]. European Journal of Cultural Studies,2003,6(2):237-238.

息的分布和信息的传播大多都是作为同义词使用。

另一方面,在卡斯特的分析中,知识和信息处理的传播技术,与象征性或者是象征性传播与处理紧密结合,这种象征能力是信息传播技术作用的核心,强调"象征能力",就是强调创造和传播信息的象征能力。

因为新信息和传播的技术特征,对信息的符号象征性操作,卡斯特把传播文化最初的结构体现了出来。何谓文化?从网络社会主导结构的角度来看,文化是生产、消费、权力和经验的关系,以及支持这些关系的信息基础设施。[①] 卡斯特是众多思想家中,从技术角度定义了文化,同时也在文化方面定义了技术。[②] 在这里克劳德·费舍尔(Claude Fischer)所表达的"物质文化"概念对卡斯特文化定义产生了显著的影响。在费舍尔的 *America Calling：A Social History of the Telephone to 1940* 书中,物质文化是指在我们生活中的工具和条件。[③] 对卡斯特而言,电话是20世纪早期发生的社会变革的功能和象征性中心,这是一种改变生活方式的传播工具,如果物质文化在社会变革中起着重要作用,并且体现社会变革,那么信息与传播技术便成为当今社会变革的功能和象征中心。卡斯特接受了费舍尔提出的技术和物质文化相似性的观点,对卡斯特来说,信息处理体现了一种能力,也就是象征性能力,无论是在信息处理中,还是信息和传播技术本身,这种技术和象征性能力的观点在文化的技术定义中得到了体现:技术作为文化,技术与象征性能力之间的关系,卡斯特的论述中更接近信息和传播技术。信息与传播技术的发展和利用,加上其巨大的符号操作功能和增强了的传播功能,在众多方面构成了信息时代使人与社会获得解放的关键特征。信息和传播技术是中心性的,因为它们影响知识生成、信息处理、传播以及人类生存核心的所有其他活动乃至人类社会组织方式。总而言之,它们影响了文化中的一切。工业革命转变了能源生产和消费,从而影响了物质生产,信息革命正在转变为象征性的生产和分配。

2. 传播、文化与媒体技术体系

从《网络社会崛起》到《传播权力》,卡斯特的分析焦点从技术经济过程,转

[①] Castells M. Materials for an Exploratory Theory of the Network Society[J]. British Journal of Sociology, 2000, 51(1):6.
[②] Philip N, Howard. Castells and the Media: Theory and Media[M]. Policy, 2011:57-58.
[③] 曼纽尔·卡斯特. 网络社会的崛起[M]. 夏铸九, 等译. 北京:社会科学文献出版社, 2006:25.

向媒体技术变迁,在此过程中传播与文化间的联系更紧密了。传播问题,特别是传播与文化间的联系,已经转变成卡斯特社会理论和社会变迁分析的中心。信息与传播技术从一开始(涉及信息与传播)的技术经济体系,逐渐具体到媒体技术领域(从媒体技术到抽象的符号生产和消费系统再到具体的超文本),虽然卡斯特对传播、技术的论述都在不断变化中,但传播和文化间的关系逐渐明确。在这里,本书主要参考卡斯特的不同表述,从两个方面展开分析。

(1) 传播、文化与媒体技术相互作用

在卡斯特的论述里,媒介或是传播媒介技术体系对文化是有革命性影响的。传播不仅对文化具有决定作用,传播媒介也被认为是传播和融合文化的技术系统。新电子传播系统的出现,具有通达全球、整合所有传播媒介,以及潜在的互动性等特点,正在改变我们的文化,而这项改变会行之久远。

首先,传播决定文化。在《网络社会的崛起》论述媒介的核心章节中(第5章),卡斯特借助著名传播学家波兹曼"媒介隐喻"的论述来表达自己的观点——"传播确定无疑地塑造了文化",因为如波兹曼所论,"我们并非,一如'其'所然地观察现实,而是见到现实在我们语言里的样态。我们的语言便是我们的媒介。我们的媒介是我们的隐喻,我们的隐喻创造了我们的文化内容"[①]。联系波兹曼的文本,我们可以注意到所谓的"媒介隐喻"是指在文化中引进技术(比如文字和钟表)就意味着文化内容的改变。考虑到这些隐喻在卡斯特分析中借用过来是为了阐述媒介(传播)创造了文化的内容。可见卡斯特在这里核心的观点就是:传播媒介决定了我们的文化。从具体的角度而言,卡斯特实际上是对波兹曼的技术决定论一种继承。

其次,卡斯特在某些场合往往会把"传播"和"新技术系统"这两个概念等同:传播媒介被认为是传播和融合文化的技术系统。

卡斯特不止一次认为互联网上超文本和元语言的型构首次将人类传播的口语、书写和视听整合到一个系统里,这是一种崭新而开放的互动。传播(媒体)决定了文化的形塑。"文化乃是经由传播(符码及媒介)所中介与发动的,而文化本身,也就是我们历史性所创造出来的信仰与符码系统;随着科技的进步,整合了人类传播的文字、口语与视听形态,以多媒体的形式展开新的传播系

---

① 曼纽尔·卡斯特.网络社会的崛起[M].夏铸九,等译.北京:社会科学文献出版社,2006:309.

统,当传播本身发生了革命,文化的根本也将随之有所改变,一种"真实虚拟文化"随之成形"①。

(2) 传播文化与符号的生产与交换

同时,卡斯特在论述文化与传播关系的时候,又采用了更抽象的符号生产与消费的视角,随着信息技术(传播媒介)的发展,传播不仅仅是一个过程,也是信息的再现,甚至是由抽象符号生产和消费所限定,文化与传播相互纠结在一起,这便从另一个论域延伸了传播与文化间的关系。

1999—2000 年,卡斯特在权力的作用下,围绕共享符号和语言的问题,来论述传播与文化之间的关系,他提出"网络和社会行动者间的传播依赖着共享文化代码的发展模式。……如果我们接受框架在经验意义里的某些价值观或范畴的话,网络用有效的方式并根据内部的统治和分配规则来处理"②。当卡斯特谈论传播依赖共享的文化代码时,主要是指以信息技术为中介的符号生产和交换。

在另一些场合,卡斯特把这种表述又具体到超文本形式,"超文本语言是通用的语言。超文本是传播的载体,以及是共享文化代码的提供者"③。卡斯特将超文本作为文化共享代码的"提供者",同时又是传播的"载体",传播与文化的结合更体现为一种新的技术能力或逻辑。所有的这些表明卡斯特提及的传播权力是超文本语言固有属性,精确为电子超文本,表达了符号表现和某种技术的逻辑方式(超文本的方式)之间交织的形式。

总的来说,在网络社会中文化通过连接电子超级文本,大众传媒和互联网之间的关系来参与传播过程。

韦伯斯特(Frank Webster)认为卡斯特认识到了文化在信息时代中所扮演日益重要的角色,因为它的"物质基础"就是信息本身④。文化影响了信息技术的发展与应用,而与此同时,信息资本主义也以其不断扩张的大众传播系统反作用于文化。卡斯特认为文化成为"真实虚拟文化",只要在多媒体情境中吸纳

---

① 曼纽尔·卡斯特.网络社会的崛起[M].夏铸九,等译.北京:社会科学文献出版社,2006:310.
② Castells M. An Introduction to the Information Age[J]. City,1997(7):16.
③ Castells M. Materials for an Exploratory Theory of the Network Society[J]. British Journal of Sociology,2000,51(1):21.
④ Webster F. Culture and Politics in the Information Age:A New Politics? [M]. Political Science,2002:86.

了人们(传播)的象征存在,经验传播的威力就会倍增①。此外,这种"真实虚拟"还会产生自己的影响。对卡斯特而言,只有通过文化符号,"真实虚拟"方能影响社会。在信息时代里,一切事物都由信息和传播媒介所组织,文化便可以看作一个结构体,他认为,正是通过文化符号这种方式"在符号图像再现中社会组建机构,人民建立生活,决定其行为"②。

3. 传播、文化和权力的建构与施行

卡斯特思想中传播和文化之间的联系最近(主要在2007年到2009年前后)的发展主要直接是受其权力理论影响,传播与文化被理解为社会权力或传播权力的特定内容,卡斯特提出传播权力理论,在其理论中对权力进行了总体性定义……在这个定义中,暴力和传播对卡斯特而言代表着两种权力方式的表达,这在他2009年《传播权力》一书中有所体现。因此,传播与文化的联系,在他的权力思想逻辑中主要表现为一种(文化)传播权力,而这将是我们在第5章所要分析的核心问题。

4.2 真实虚拟文化观

正如之前所言,卡斯特将信息和传播技术置于信息时代分析的核心,第3章我们已初步解决了卡斯特在技术社会维度的媒介思想,此处将从媒介转型对文化影响的角度来具体阐述卡斯特的媒介文化观。其核心就是卡斯特提出的"真实虚拟文化"观。当然,这种思想与第3章的很多观点是不可分割的。

由于"真实虚拟文化"在卡斯特论述之时正处在形成中(当然其论述之时是30年前,如今其绝大部分已成为现实),无法以历史经验来考究。卡斯特的判断中也相当谨慎,他没有使用麦克卢汉那种惊为天人的语言,而是从麦氏格言式的论述风格中走出来,采取实证研究,运用反映当时社会文化趋势和实践的

---

① 曼纽尔·卡斯特. 网络社会的崛起[M]. 夏铸九,等译. 北京:社会科学文献出版社,2006:350-353.
② 曼纽尔·卡斯特. 网络社会的崛起[M]. 夏铸九,等译. 北京:社会科学文献出版社,2006:329.

经验证据,考察网络社会多媒体发展的特征,最后提出"真实虚拟文化"基础和表征的描述。

本节核心就是从分析虚拟文化入手,来阐述信息与传播技术对人类传播与文化的形成及结果,进而在网络社会的虚拟社区背景下分析我们文化变迁的本质和互动逻辑,从根本上来理解真实虚拟文化的面貌。

4.2.1 真实虚拟文化的背景

1. 真实虚拟问题是自古典时代以来一直延续的主题

对真实与虚拟的讨论源自西方哲学的古典时代,自柏拉图"洞穴隐喻"开始,西方就认为世界有一个真实(Reality)的本源纯粹存在,而社会中芸芸众生所为的一切都是在模拟和描摹这个根本,所以,举凡世间诸如文字、艺术创作等,都是模仿这个所谓的真实而来,只不过现代社会更多称之为"虚拟现实"(Virtual Reality)[①]。此后文学家、艺术家和影视研究与创意者,都在讨论此种模拟的文本和真实世界间的差距和表现手法,例如,写实主义、超现实主义或现代主义等。

当电子媒介和网络新媒体技术崛起之后,对仿真、虚拟现实和超真实主义,混杂等后现代概念的引入,真实和虚拟相关的概念常常是混乱和不准确的,后现代主义者鲍德里亚提出"拟像"和"超真实"的概念,也与其紧密相联,甚至直接被卡斯特借用作为思想来源。所谓"拟像",指的是与原本一模一样的复制品,而原本自身则并不存在。鲍德里亚直接宣称原本与复制品之间的界限早已不复存在,他将这一过程称为"仿真"(Simulation),鲍德里亚称,"仿真"乃是在真实或原本缺席的情况下对真实模型的衍生,是一种超真实(而这种"超真实主义"即 Hyper Realis)则是后现代性的典型运作机制[②]。在超真实的领域内,"仿真"与"真实"之间的界限毁于"内爆","真实界"与"想象界"也在相互作用之中不断坍塌[②]。鲍德里亚以迪斯尼主题公园为例,提出人们在主题公园的娱乐强调其自身的壮观和超真实,将我们从现实世界抽离出来,而这整个经验就是超真实,所得现实是"伪造"的。在鲍德里亚的理论中,超真实是与拟象同时发生

[①] 黄慧琪.传播第一届台湾当代佛教发展研讨会[C].慈光禅学研究所,2000:30.
[②] 约翰·斯道雷.文化理论与大众文化导论[M].常江,译.北京:北京大学出版社,2015:230.

的。鲍德里亚的理论为卡斯特"真实虚拟文化"提供了部分内容和启示,但卡斯特拒绝其后现代主义风格,走向了另一种分析范式。

2. 真实虚拟理论是对鲍德里亚和麦克卢汉的继承创新

卡斯特在论述真实虚拟文化时候,并没有纠结于真实和虚拟之间关系争论上,他主张在实证基础上的研究(虽然看起来有点后现代的味道,与卡斯特其他论述风格迥异),并受到鲍德里亚和罗兰·巴特的思想方法的影响。

作为其理论来源,符号学大师罗兰·巴特理论,即符号的生产和采纳过程,卡斯特只是一带而过,但他对鲍德里亚则推崇备至。鲍德里亚对符号的沉迷导致其将所有事物都纳入符号结构来思考,他提出,所有的传播形式都立足于符号的生产和消费,这样来看,"现实"和符号表征之间,就没有什么真正的区分[①]。在这里,卡斯特把文化定义为传播和交流的过程,文化和传播的关系再次得到不同阐述。他认同鲍德里亚的观点,即所有的传播形式,都立足符号的生产和消费。有鉴于一切社会中人类都生存并且行动在符号环境之中,故今天把从印刷到多媒体传播模式尽收其中的这个崭新的传播系统,其历史意义就不在于催生了所谓的"Virtual Reality"(虚拟真实),而在于建构了"Real Virtuality"(真实虚拟)。正如荷兰学者梵狄杰克(Jan Van Dijk)和其他评论家所指出的,这个表述与法国哲学家让·鲍德里亚(Jean Baudrillard)的"拟像"和"超真实"概念接近[②]。

卡斯特认为文化是虚拟的,因为它是被中介的,但尽管如此:"现实(即人们的物质/象征性存在)完全被捕捉,完全沉浸在一个虚拟的意象环境中,在'假装'的世界里,表象不仅仅是在屏幕上传播出来经验,而其本身便成了经验。"[③]

卡斯特反对后现代主义,但对鲍德里亚却情有独钟,他在一次访谈中谈到:"后现代主义是一种时尚,而不是一种理论,在这个含糊不清领域中有许多有趣的思想家和观点"。所以,卡斯特并不太在乎后现代主义,认为它将以时尚的方式分解,从未成为一种理论。他说:

---

① 约翰·斯道雷. 文化理论与大众文化导论[M]. 常江,译. 北京:北京大学出版社,2015:230.
② Dijk V. The One Dimensional Society of Manuel Castells[J]. New Media & Society,1999,1(1):127-138.
③ 曼纽尔·卡斯特. 网络社会的崛起[M]. 夏铸九,等译. 北京:社会科学文献出版社,2006:351.

"我与后现代理论家的主要区别在于:理论只是我研究中的工具。如果我没有找到一个有用的工具,或者如果它没有定义被利用,不管它多辉煌,我都不是很感兴趣。我当然认为利奥塔是一个最有见地的哲学家,也是一位聪明的知识分子。但我不知道该怎么处理他的理论,我不知道我是否完全明白了。而鲍德里亚是不同的。我可能有偏见,因为我们是亲密的朋友,在1968年,在70年代,我一直赞赏他……当我读鲍德里亚时,我获得了大量的理论材料,以及我在研究中可以使用的直觉经验。他不是一个真正的社会学家,他确实是一个哲学家,但他对于社会科学家来说,是一个有用的哲学家。他对象征对象的假设,以及它们与消费社会的关系,他对媒体作用的研究、现实作为拟像的概念,都是在我思想中能够找到的。"[1]

这里,我们可以清晰看到卡斯特对鲍德里亚理论的继承,卡氏在此处少有地交代自己的理论渊源,但遗憾的是,在他对后现代理论一贯批评和否认的路径上,真实虚拟观点有些突兀,与他之前的观点有点格格不入。

3. 真实虚拟文化是新传播体系强大影响力的体现

遵循卡斯特媒介观中技术与社会的逻辑,在以媒介为中心的论述中,卡斯特又强调传播技术与文化也有着相互作用。第3章我们已经论述了卡斯特媒介思想是建立在麦克卢汉基础上的,麦克卢汉和卡斯特体系的交集在于传播媒介对于各自文明作用之上。麦克卢汉认为,媒介对文明的所有领域,如文化领域和社会再生产领域都会产生影响,而卡斯特首要认可的是传播媒介的文化影响力,而这种影响力是随着全球信息时代发展扩展到社会各个领域中。卡斯特是在麦克卢汉分期的基础上将这个影响拓展为两个步骤:按照麦克卢汉的观点,紧随在"古腾堡星系"之后的电子时代,将成为人体延伸的最后一个阶段,卡斯特却认为,在这之后还有麦克卢汉星系和互联网星系,新的传播体系改变着我们的文化,促进"真实虚拟文化"形成。

在《网络社会的崛起》中,卡斯特通过一整章的篇幅来回顾从口语传播到大众传播时代传播与社会之间的形构,讨论其与文化社会行为间的交互作用,以

---

[1] Roberts J. Theory, Technology and Cultural Power an Interview with Manuel Castells[J]. Angelaki,1999,4(2),33-39.

及媒介在其中所扮演的重要角色。20世纪90年代中期,新传播体系的诞生标志着"麦克卢汉星系"的完结。在全球化的媒介以及以电脑为中介的传播方式的融合中,多媒体传播体系得以产生,它是一个高度一体化的整合,其特点在于全球影响力以及潜在交互性。

这种多媒体似乎有着下列特性的社会文化模式,卡斯特系统归纳出这种媒介转型的特点:

首先,媒体信息广泛的社会与文化分歧,导致了观众的细分,讯息在发送者(特别是业者)的策略下为市场所区隔,也由于媒体用户依据其各自的兴趣,以及互动能力的优势,而被使用者日益分化,虚拟社区也带来的使用者分化;再者,网络媒体用户之间有逐渐社会层级化的现象,导致大众对网络使用的新分化;第三,一切信息都整合在同一个系统里传播,即使该系统是交互式与选择性的,也导致了所有讯息整合在一种共同认知模式里,例如在计算机上面玩游戏、看电视或电影。这将使得不同媒介的内容模糊化,并且事实和虚构之间的界限也愈加模糊;最后的特征,是在多媒体的领域里,数字化的世界融合了各种各样的文化表达,跟过去的电视星系比较,是更为多样、混杂的,甚至汇聚出一个新的象征环境(它将过去、现在和将来的传播理解活动结合成一个巨大的超文本),并使虚拟变成了我们的现实[①]。

卡斯特认为,这种全新的传播体系将会永远改变世界的文化。"一种新的文化正在形成,它受到新传播体系的显著影响并由社会利益、政府政策和商业战略共同促成,这就是'真实虚拟文化'"[②]。

基于电子的虚拟化,通过电子手段的文化表现,以日益集成的交互式超文本形式创造了我们生活的基本象征性结构,包括各种形式的电视、视频、音乐、广播和互联网。因此,这种电子虚拟是我们生活经验的重要维度。

4. 真实虚拟文化是以卡斯特文化观为基础

一方面,卡斯特的传播文化观体现在对罗曼·巴特和鲍德里亚观点的引用。二者在各自文本中没有明确出现传播字眼,卡斯特主要是借用《符号的政

---

① 曼纽尔·卡斯特. 网络社会的崛起[M]. 夏铸九,等译. 北京:社会科学文献出版社,2006:350。
② 曼纽尔·卡斯特. 网络社会的崛起[M]. 夏铸九,等译. 北京:社会科学文献出版社,2006:310.

治经济学批判》一书中的核心观点,"人类的一切行为都是建立在象征性互动基础上的",而罗曼·巴特也是将传播表达为"符号生产和采纳的过程",这些都融入现在卡斯特传播文化观中。

另一方面,还体现出卡斯特文化自主性思想。卡斯特在"信息时代三部曲"中,论述技术对人类社会和文化的影响的时候,提出文化自主性说法。他认为,工业社会乃至之前几千年来,我们的文化都是一个以自然主题为标志的文化。在工业时代,我们围绕通过工作赢得自然战斗,体现在机器和用劳动来操纵这些机器定义了我们的文化。工业文化是生产的文化、制造物质的文化。但是工业文明之后,我们就需要破除这种神话,"我们的文化是指文化,而不是文化以外的经验。这是一种单纯的价值创造的自主性动力,独立于在工作与自然之间斗争产生这种文化的物质条件"①。

所以,占主导地位的世界生活在围绕象征性经验的文化中,大多数世界生活在围绕象征性抵抗的文化中。两者都被定义为自主于生产和消费的文化领域,它们是符号表征的象征性系统。

4.2.2 真实虚拟文化的内涵

卡斯特对媒体和传播的重视,表现在他对多媒体最重要的特征归纳:这个数字化的世界融合了各种各样的文化表达,它将过去、现在和将来的传播整合入一个巨大的超文本中,以这种方式,他们建立了新的象征性环境并使虚拟变成了我们的现实。这样一种真实虚拟的新文化便横空出世②。

文化由传播过程所组成。如罗兰、巴特和让·鲍德里亚,一切传播形式都奠基于符号的生产和消费。因此,在现实与象征再现之间并没有什么区别……目前以一切传播模式(从印刷到多媒体)之电子整合为核心的新传播系统,其历史特殊性并非诱发出虚拟实境,反而是建构了"真实虚拟"……现实总是虚拟的,因为现实总是通过象征而被感知的,而这些象征以其逃离严格语义定义的某种意义而架构了实践②。

---

① Roberts J. Theory, Technology and Cultural Power an Interview with Manuel Castells [J]. Angelaki,1999,4(2):33-39.
② 曼纽尔·卡斯特.网络社会的崛起[M].夏铸九,等译.北京:社会科学文献出版社,2006:350.

卡斯特认为我们生活在一种真实虚拟性文化中,何谓真实虚拟(Real Virtuality)?他引用了《牛津当代英语词典》中的解释:"虚拟,似是而非;真实:事实上存在。"①

从背景分析可知,这实际上也是卡斯特对鲍德里亚理论的拿来主义,但并未深入解释。卡斯特尝试从真实虚拟的角度去定义新的传播经验,其中,人类经验的传播采取了不同的路径。

卡斯特声称"在这个系统里,现实本身(人类的物质和象征性存在)完全陷入且浸淫于这个虚拟意象的情景之中,那是个假装的世界,在其中表象不仅出现于屏幕中以便传播经验,表象本身便成了经验"。卡斯特全面模仿鲍德里亚,他强调"多媒体最重要的特征是在其领域内捕获了所有多样性的文化表现"②。卡斯特这个论述明显是建立在对麦克卢汉"媒介即信息"全新理解基础之上的。媒介决定信息如何被接受,然而对卡斯特来说,麦克卢汉的理论并没有足够触及新的传播环境和多模式的信息处理③。新数字在线经验的生活是被新的传播环境所塑造,这是以互动媒体为基础,而这并不是麦克卢汉时代大众媒体的特色。卡斯特在另一次访谈中对真实虚拟的解释则更加通俗:

真实虚拟文化是文化代码和象征性表现系统围绕电子超文本而组织的一种文化。它是虚拟的,因为它是由电子电路组成的;它是真实的,因为它框架和塑造我们的经验;我们生活在虚拟,所以它是真正的虚拟,而不是虚拟的现实,因为我们的大部分现实是由虚拟表达组成④。

这种观点似曾相识,卡斯特在《网络社会的崛起》第 5 章开篇就将现代媒体和传播技术的发展与字母表的发明进行比较,他强调"历史上第一次各种传播模式整合到一个互动网络中……我们几乎无法摧毁其意义"。回顾麦克卢汉格言式的语言和技术自然主义风格,卡斯特提出了一个不仅在技术设施上,更是在人类心灵中发生的宏大综合:"人类精神在大脑、机器和社会环境的之间新的互动中重新统一其维度。"麦克卢汉的话语选择更加迷幻,但是两者都有同样的

---

① 曼纽尔·卡斯特. 网络社会的崛起[M]. 夏铸九,等译. 北京:社会科学文献出版社,2006:350.
② 曼纽尔·卡斯特. 网络社会的崛起[M]. 夏铸九,等译. 北京:社会科学文献出版社,2006:352.
③ Castells M. The Rise of the Network Society[M]. Blackwell: Blackwell Publishing Ltd,2010:371.
④ Roberts J. Theory, Technology and Cultural Power an Interview with Manuel Castells[J]. Angelaki,1999,4(2):33-39.

底层故事:在近3000年的时间里,人类回到感官更加统一的传播环境。就像麦克卢汉所说的那样,即"新媒体不是人与自然之间的桥梁,他们本身就是自然"[1]。卡斯特认为我们时代的新媒体不仅仅是从视窗(Windows系统)到世界,它们构成了"我们生活的结构""我们与媒体共同生活,并且靠媒体过日子"[2]。我们的存在是通过传播,"媒体,特别是我们文化中的视听媒体,确实是传播过程的基本材料。我们生活在一个媒体环境中,我们大多数的象征性刺激来自媒体"。它们甚至是"我们生活中最重要的部分",因为它们"建立我们的想象"。

卡斯特认为"以全球影响为特征的新电子传播系统的出现,所有传播媒体的整合及其潜在的互动性改变和永远改变我们的文化"[3]。这足以表明卡斯特对信息时代媒体和传播文化方面的重视。早在1994年,英国社会学家约翰·汤普森就曾表示过遗憾,媒体在社会学领域没有"得到应有重视"[4],正如卡斯特将要认真地补救那样,尽管不是单一的:媒体和传播在当代"第二现代"理论中占据显著的地位,引发了社会理论的普遍调解[5]。

卡斯特认为"一切信息都整合在一个共同认知的网屏里",这将使不同媒介的内容模糊化,并且事实和虚构之间的界限也愈加模糊。

当断言"信息即信息"的时候,卡斯特使用了麦克卢汉的概念。"信息保留着自己的不同,但在它们的传播过程中又互相交织,因此逐渐模糊了自身的编码并且创造出一个语义语境,其中包括不同含义的多方面的随机混合体。"[6]卡斯特认为:"在大众媒体多样化的过程中,信息的属性(特征)形成了媒介的属性(特征)。因此在新媒介体系中,信息即媒介。"[6]这看似一个文字游戏,而不是一个有说服力的评论。对此,卡斯特并没有过多的解释,但其实这并不是一个简单的概念颠倒,而是因为新媒介的出现使得媒介和信息之间的关系发生了变

---

[1] Rantanen,The Message is the Mediu:An Interview with Manuel Castells[J]. Global Media and Communication,2004,1(2):141.
[2] 曼纽尔·卡斯特. 网络社会的崛起[M]. 夏铸九,等译. 北京:社会科学文献出版社,2006:314.
[3] 曼纽尔·卡斯特. 网络社会的崛起[M]. 夏铸九,等译. 北京:社会科学文献出版社,2006:309-310.
[4] Thompson J B. Social Theory and the Media [M]//David Crowley and David Mitchell. Communication Theory Today. Stanford:Stanford University Press,1994:27;Rantanen. The Message is the Mediu:An Interview with Manuel Castells[J]. Global Media and Communication,2004,1(2):27.
[5] 曼纽尔·卡斯特. 网络社会的崛起[M]. 夏铸九,等译. 北京:社会科学文献出版社,2006:315-316.
[6] 曼纽尔·卡斯特. 网络社会的崛起[M]. 夏铸九,等译. 北京:社会科学文献出版社,2006:320.

化,"信息(或网络)即信息"实际上是麦克卢汉"媒介即信息"思想的延伸。

卡斯特认为,说到文化的时候,媒介真的就是信息了,他坦言受到了麦克卢汉的影响,但比麦克卢汉走得更远,认为电脑中介传播比电视时代到来与普及的意义更为重大:"文本形象和声音在同一系统里潜在地被整合起来,多角度的互动成为可能,而且这样的互动是开放式的,能够获取信息的全球网络中,在选定的时间内(在线时间和推延时间)实现互动,这的确改变了传播的性质"[1],这一切都是卡斯特所谓的"真实虚拟文化"重要特征。

4.2.3 真实虚拟文化的特征

David Bell 总结了真实虚拟文化 5 个重要的特征:第一,它的包容性,全面"捕获"所有文化。第二,因为它是网络社会的一部分,它遵循网络逻辑"开或关",在网络中要么成为文化的一部分,要么被关闭被排除在外。第三,它的多样性和多模式意味着它可以适应文化差异。这并不要求我们所有人都是一样的,而是为每个人提供一些东西(拥有所有的利弊)。这并不是说没有参与的障碍,如前文所述,事实上,参与的能力被卡斯特看作一个关键的控制指标:谁能说话,谁在听,谁被摆脱了循环?第四,新媒体文化如果仍然通过其他方式传播,就会削弱传统传播的效果。第五,真实虚拟文化从根本上重新配置了空间和时间,创造或至少传播流动的空间和"无时间之时间"。[2]

对此,我们还需要补充一点:相当程度而言,卡斯特在《网络社会的崛起》这本书中,真实虚拟文化和媒介论述一章所提供的方法和内容似乎与他在其他章节对技术问题以及这些问题与社会经济和政治变化关系细致分析大相径庭。就传播研究整体而言,它已陷入一个十分传统的"强大"媒体或技术影响范式。因此,虽然卡斯特这本书其他部分的分析也十分精彩,但他的分析主要还是关于媒体技术"强大效果"的观点。书中采用了麦克卢汉"媒介即信息"分析模式,这一模式反对长久以来基于媒体的传播进程研究。本质上,它包含一个发生过快的转变,即选择从媒介的技术特点转变为观众的体验,以及传播进程中解释说明和表达意义的阶段。在这一进程中,许多层面的中介变量都被忽略了。由于新传播系统囊括一切,信息只能以二进制方式:存在或不存在,只有存在的方

---

[1] 曼纽尔·卡斯特. 网络社会的崛起[M]. 夏铸九,等译. 北京:社会科学文献出版社,2006:320.
[2] Bell D. Cyberculture Theorists: Manuel Castells and Donna Haraway[M]. London: Critical,2007.

可以传播和社会化。对卡斯特来说,该新传播系统具有一系列新特点和新逻辑,这是信息技术的强大效果,它会将其强加给经过其中的一切事物,也正是因为这个新媒介技术的特征,真实虚拟的新逻辑中创造性受众具有自主生产信息的能力。可见卡斯特这种媒介中心分析方式带有强烈的技术决定论印记。

4.3 全球文化转型与网络文化结构

社会学、传播学和哲学都将文化作为重要的研究对象,尤其是20世纪60年代以来西方社会学出现了重要的文化转向,这一转向也体现在卡斯特的学术体系中。上文我们认识了卡斯特传播与文化概念之间的大致关联及其对网络社会时代受到新传播体系显著影响的表现,在此基础上分析了由社会利益、政府政策和商业战略共同促成的"真实虚拟文化"的本质之后,我们还必须在整体上去分析卡斯特对全球网络社会文化变迁及其结构的理解,卡斯特在《传播权力》一书概述其分析框架的时候提出,他的理论"在经济物质分析与文化传播分析方面区别的难点集中体现在他对文化全球化理论的讨论中"[1],他极端地表达为"全球文化是一种为传播(而产生的)传播文化"[2]。

卡斯特将文化理解为"导致和激发人类行为的一组价值和信仰,所有社会都是文化的构成体"[3]。但因为网络社会的文化具有复杂性和新颖性,卡斯特并没有给网络社会的文化下统一的最终定义,网络社会的文化结构上是全球性的,但是在每个社会中又有具体形式。同样,全球性的多元文化,与每个区域的地理和历史产生联系,在不同的历史情境中物化成具体形式,会导致不同制度系统的形成。通用性和创新性的双重作用,在文化层面上产生一个有趣的结果:网络社会的文化既是一种全球文化,又是一种全球多向性的文化,具有文化多样性,在具体的文化自主和文化认同中起作用。

---

[1] Castells M. Communication Power[M]. New York:Oxford University Press,2009:5.
[2] Castells M. Communication Power[M]. New York:Oxford University Press,2009:38.
[3] Castells M. Communication Power[M]. New York:Oxford University Press,2009:37.

卡斯特同时也认为全球网络文化是一种"传播协议的文化"[①],该协议能够在不同的文化之间传播,但不一定是共享价值观,而是要共享传播价值,这就是说,这个新文化不是由内容组成,而是由过程组成,这就是卡斯特所谓"为传播而传播的文化",这是一个没有尽头的文化意义网络,各种文化可以共存而且能在交流的基础上彼此交互并相互改变。卡斯特对网络社会全球文化变迁的研究与两个维度紧密相关。

4.3.1 互联网文化发展基础结构的理解

卡斯特对网络社会发展的文化基础的理解也并不是一步到位的,而是在其理论发展中不断丰富深化的。

在最初《网络社会的崛起》中,卡斯特认为,网络社会文化不是传统意义上的新文化,它是建立在掌握信息与传播技术基础上,组织网络的价值系统。因为网络中主体的多重性以及网络的多元性,这挑战统一的网络文化观念,确实,正如卡斯特所表述的,"在网络企业的多样化运作中存在一个共通的文化代码,但它由许多文化、价值、项目组成,穿越了参与网络各种成员的心灵,影响其决策,网络成员的步伐伴随着网络单位的组织和文化的变迁而变化"[②]。我们能够提出一种多面、虚拟的文化,虽然它是虚拟的,但是它在强化网络组织决策和网络共同协作方面仍然具有效力。正如卡斯特所强调的,这是一种"创造性破坏"(Creative Destruction)的文化,代表信息主义精神。此时,卡斯特虽然认识到网络社会形成中文化的作用,但是此时网络文化还是单维的,不够全面。

卡斯特在 2001 年剑桥大学开设的研究讲座,最终形成了《互联网星系:对互联网、商业和社会的反思》一书[③],书中他从文化的角度对因特网文化及其基础进行了讨论。在这里,"因特网文化"是一种创造互联网的文化,同时也涉及那些想要进入由网络积极创造公共领域的人,因此它不仅决定了技术结构的基础规律,也"同时结合了那些标识行动在其中的矛盾空间的教条和象征元素"。

卡斯特将这四种文化具体表达为[④]:

---

① Castells M. Communication Power[M]. New York: Oxford University Press, 2009: 38.
② Castells M. Communication Power[M]. New York: Oxford University Press, 2009: 190.
③ 本书认为,若对卡斯特网络和互联网概念在整体思想中详细研究的话,该书翻译成"互联网星系"则更妥当。
④ Castells M. The Internet Galaxy: Reflections on the Internet, Usiness, and Society [M]. New York: Oxford University Press, 2001: 36-61.

(1) 技术精英文化。它指的是扎根于学术和科学基础上的,产生和支持互联网基础发展的文化。其特点是:暗含在人类发展的技术科学进步的奉献中,由科学共同体定义对象的背景下对解决问题的积极性,对附属于一个能够强化个人行为和个人声誉的社群归属意义,对平等的结构性批判及对一些正式和非正式的社区信条的尊奉,诸如:禁止为个人利益过度使用资源、开放存取的软件精神和对集体协作改进的共享。

(2) 黑客文化。它是由其同义反复所定义的,黑客是那些黑客文化所认同的,是一种以自由、合作、复制和信息为基础的技术创新文化。在这里人和机器在没有限制的互动中发生了融合。黑客文化的价值在于以一种类似艺术的创新和虚拟精神自由的创作、合作和专注于创作的深层喜悦。黑客是由在网络权力中和决定去保持这种技术力量作为共同利益的信念组成。黑客文化短暂的历史充满了智慧的联合、奇特、预言性的态度和巨大的热情。这在互联网发展的过程中得到验证:黑客超越了对计算机程序的使用,以证明没有什么比共同工作更激动和快乐。乐趣是与做什么和与那些共享同样的观点的人一起创造的过程产生。Himanen分析了黑客伦理,并将其扩展至信息领域,认为这代表了一种加尔文教义的激进决裂,后者被马克思·韦伯描述为资本主义精神。黑客伦理以创造性和情感为责任,秉承了一种名义上在我们信息时代发展出来的与工作相关的情感关系。黑客伦理以黑客不以金钱为动力而是渴望去创造一些对平等社区有价值的东西为信条,这些价值和信条是黑客之间共享的信息和观念,这是黑客伦理的重要特色。

除此之外,黑客文化还涉及网络伦理和网络礼仪,基于自由的表达和隐私的保护,目的是促使和允许每个人接近互联网的信息资源和计算资源。而且对Himannen而言,黑客伦理组成了一种社会批判的主题,保护个人的自主性与控制、规训的形式相对,尤其是在与文化工业的传统媒体争论的时候,反对网络统一的商业机制所产生的危机。

(3) 虚拟社群主义文化。如果黑客文化产生了互联网的技术基础的话,那么"共同体文化"则将其塑造为一种社会形式、过程和应用。提到虚拟社区,就涉及人类的极端的多样性,但有两点组成了共同的文化因素——自由的价值和横向的传播。因此,反对的观点是具有破坏性的、自我方向的网络观念。这即是说,自主利益的连续性和对信息自由地创作及出版技术中介网络为文化共同体所生产创新,它支持横向传播、产生自主连接的基础,允许表达自由的新形式,成为组织和集体行动的工具。

(4) 企业家文化。它使互联网从技术的圈子和社区扩散到整个社会。在这种方式中,卡斯特引入了工作和利润的文化,明确表达对传统资本主义工作伦理的尊重:寻找外部的回报而不是内部的价值;一种及时的方式而不是(短暂的)满足;互联网变成了商业而不是商业变成了互联网;后者是独立的媒介,是新经济形成的推动力量;围绕一系列新的规则和生产过程、管理过程和经济循环所建构。这不是单纯的一种文化,而是在互联网产生、发展和扩散初期就具有的基础性作用文化结构。

卡斯特在信息主义精神基础上,将互联网文化基础扩充为具有四个层次的文化结构。这个结构包括技术精英文化、黑客文化、虚拟社群主义文化和新的企业家文化。这些文化的基础是现代性的基本驱动力。而在其中,黑客文化的价值出现了一种唤起启蒙的理论气质。

2007年卡斯特在牛津大学完成了一项针对移动传播技术和社会研究之后,指出:"在结构性网络、文化个体性以及围绕着定义网络社会自我投射的自主建构等因素的环境下,沿着多元化社会维度、围绕重叠性过程管理的移动青年文化正在显现出来。"

4.3.2 全球传播时代文化的结构性变迁

1. 在媒介环境变迁基础上理解全球传播时代文化变迁

从媒介理论角度观察,卡斯特在《传播权力》一书中,除沿用其网络社会的技术经济分析之外,还从过去所没有特别关注的政治经济学角度对传媒产业(尤其是以媒体集团为核心的全球传媒产业变革和权力结构)进行了分析,这是对其《网络社会的崛起》一书中媒介研究缺失部分的补充和丰富,可谓是卡斯特媒介(传播)与文化研究的一大进步。

他研究了新传播系统内媒体行业本身的变化。这些变化作为历史和社会学因素的结合,包括新传播技术的发展,"积极受众"作用的凸显,新自由主义政策和企业战略。这些导致了一个新传播系统,其特点是分割、定制和个性化[1],

---

① Castells M. Communication Power[M]. New York: Oxford University Press, 2009.

这为卡斯特在其他地方的描述,如大众自传播的研究铺平了道路。

早在论述网络社会结构性的特征时候,卡斯特就率先关注新媒介技术变化。而20世纪80年代的新媒介技术,包括印刷技术、随身听、视频录像机和播放机,当时对媒介生态的影响对应客户化和媒体权力下放。与此同时,有线电视和卫星电视的兴起使得媒体渠道多样化。然而,这些都导致企业竞争的增加,最终导致了更集中的寡头垄断媒体所有权模式。

在这个系统中,任何"创造性受众"的发展可能被忽略或不能反馈到运行中。只有当计算机中介的传播范围变得更加广泛,虚拟社区才会出现,"创造性"受众可以发挥他们的潜力。全球化世界中文化变迁传播的发生,发送者和接收者需要共享代码。在媒体产业中,出现了从广播到普通观众的战略转变,以针对特定受众,从而让信息发给指定的接收者。

正如上述分析显示,全球媒体产业网络和新数字技术使大规模生产和定制内容分发的结合成为可能。受众的识别需要加强对其多样化的文化符码的理解。因此,媒体信息格式和内容的演变,无论是一般或特定的,都取决于社会的文化发展。每个社会在这种变迁中都有自己的发展道路和步伐。但是,网络社会是全球性的,在文化转型的过程中有其共同点。

2. 卡斯特所理解的全球文化具有结构性

在《传播权力》中,卡斯特专用一章来论述全球文化变迁。他引用英国学者斯科特·拉什(Scott Lash)、西莉亚·卢瑞(Celia Lury)(2007年)对全球文化产业的分析,强调全球化在文化领域所体现的质变如下:

"文化从文化产业向全球文化产业转变,采取了另一种不同的逻辑;全球化为文化产业带来了与众不同的经营模式。我们的观点是,1945年和1975年,文化仍是根本性的上层建筑……文化实体仍是独特的……但到了2005年,文化对象无处不在:作为信息,作为传播,作为品牌产品,作为金融服务,作为媒体产品,作为交通和休闲服务,而文化实体也不再是独特的:它们是规则。文化变得如此无处不在,因为它首先从上层建筑渗出,接着不断进行渗透,然后接管了基础设施本身。它主导了经济和日常生活的经验……在全球文化产业中,生产和消费是差异化建构的过程。"①

这种差异是如何构建的？何为通过不同经验领域和媒体操作中意义框架结构的文化素材？

为此，卡斯特做了一个系统坐标来描述全球文化变迁中的结构性特点，如表4.1所示。

表4.1　卡斯特全球文化变迁结构

	文化全球化	文化认同
个人主义	品牌消费主义	网络化的个人主义
集体主义	全球主义	多元文化主义

全球文化转型包含四个核心因素（文化全球化、文化认同、个人主义和集体主义），它们是沿着两个双向轴线展开：文化全球化和文化认同之间的对立，个人主义和集体主义之间的矛盾。对此，卡斯特延续其一贯的研究特色，从实证案例和数据分析的基础上对这个结构进行了阐释。

文化全球化指的是一种大体上能在全球共享的、特定的价值观和信念。文化认同是指特定人类群体自我认同的特定价值观和信仰。文化认同在很大程度上是人类组织基于特定空间和历史演进的结果，但它也可以在特定身份建构的基础上形成。网络化的个人主义是一种在个体行为倾向上优先满足每个主体需求、愿望和计划的价值观和信念体系。集体主义是一种将社群的集体利益置于其成员的个人满足之上的价值观和信念体系。在这种语境下，社群是一种围绕共享文化或物质属性的特定子集而组织形成的社会系统。①

卡斯特是在对全球文化产业发展和媒介变革的实证基础上来考察这一文化转变过程的实际内容。

何为全球文化？卡斯特从三个层面做了解答。首先，对于关键少数来说，他们体察到我们这个星球所面临的共同命运，无论是在环境、人权、道德原则，还是在相互依存的全球经济以及地缘政治安全方面。这是世界主义的原则，由那些坚信自己是世界公民的社会行为主体所践行（Beck，2005）。调查数据表明，这些人绝大多数是受过良好教育的富裕阶层。不过年龄也是一个影响因素：越年轻的人，对世界观的看法便越开放（Inglehart，2003）。其次，存在着一

---

① Castells M. Communication Power[M]. New York：Oxford University Press，2009：117.

种多元的全球文化,其特征是不同来源文化的混合。例如在全世界流行的嘻哈音乐,或在 YouTube 上火爆的改编视频。最后,文化全球化最根本的层面是消费主义文化,这与全球资本主义市场的形成直接相关(Barber,2007)。为了使资本主义全球化,商品化的文化必须存在于世界各地。资本主义是全球性的,而所有国家现在都在资本主义的影响下生活(本书在撰写时忽略了朝鲜),这就为全球共享市场价值观和消费文化提供了基础。①

与此同时,文化认同多元化来源的存在造成全球消费主义、世界主义和全球融合杂交的复杂文化模式,结合文化认同两个双向轴,卡斯特确定了表示文化模式的四种组合。②

全球化与个人主义之间的相互作用导致消费主义的扩散,考虑到全球化过程中资本主义的地位与个人的关系。品牌被提到作为全球市场的文化维度和由个人消费的意义分配过程。

网络化个人主义是认同和与个人主义之间传播的结果。"在互联网时代,个人不会堕入虚拟现实。相反的,他们提高自己的社交能力,利用丰富的传播网络在他们的处置,但他们这样做是有选择性的,构建以其偏好和项目的文化世界,并根据他们个人的利益和价值观的变化对它进行修改"。

伴随是集体主义与全球化的互动,还有世界主义的文化,这是"一个全球尺度共享的集体价值,并建立代表超验原则的跨越边界和特异性的人类共同体"。卡斯特指出,是"伊斯兰乌玛,但也可能是环境文化,代表祭祀盖亚过去与未来的人类或世界性的文化,申明民主集体价值的一个新的全球公民空间"③。

此外,融合集体主义和认同导致在多样性文化共同体建构世界多重身份的认同,即为多元文化主义。

卡斯特的这四种文化模式,并不是建立在抽象基础之上的,而是运用全球丰富的文化产业数据和案例研究来详细阐述的。

(品牌)消费主义的先驱是全球娱乐行业多种多样的产品:电影、音乐、节目、视频和在线游戏、报纸、杂志、图书发行和配置整个文章及配套项目的赞助

---

① Castells M. Communication Power[M]. New York:Oxford University Press,2009:118.
② Castells M. Communication Power[M]. New York:Oxford University Press,2009:119-120.
③ Castells M. Communication Power[M]. New York:Oxford University Press,2009:120.

Logo,从服装到消费品设计。① 全球文化层处理所有来源的文化产品为了在目标市场传播权力的最大化,然而卡斯特认为"全球消费文化不是唯一倾向全球范围的文化模式"。

"世界主义,在全球化和集体主义横断面,旨在构建一种全球共同体——围绕共同的价值观的全球公共领域"。在此处,卡斯特提到了 Volkmer 对 CNN 和其对全球传播的研究,声称"全球媒体新闻网络,在他们的多样性中,目的为能建构一个将国家和文化整合在一个 24 小时的信息流动中的传播公共领域"②,此外,全球广播的全球宗教电视网络,也在促进宗教世界主义的其他类型传播系统中,从这种意义上说,其目标是将每个人都纳入宗教社区。

多元文化主义是我们的世界中的常态,而不是例外,"那里文化生产和内容的分配具有多样性",我们可以看到在尼日利亚的电影业能够吸引非洲大量的观众,与印度宝莱坞作为世界上最大的电影生产商逐渐扩展其渠道,以及家庭制作的电视节目内容在中国、日本、韩国、俄罗斯、拉丁美洲、欧洲和整个世界(卡斯特,2009 年;Bamzai,2007 年;戈帕尔和 Morrti,2008 年)。Tubella,2004年),讨论在加泰罗尼亚的情况下,在构建国家的文化主导地位的下民族认同构建中,电视的决定性地位和重要影响。

卡斯特网络个人主义的文化在传播系统中最佳的表达形式,是以"自主、横向网络、交互性和在个人和他/她的网络主动下的内容的重组"为特色②。例如:互联网、无线传播、在线游戏和文化产品的生产、分发和融合的数字网络。但是互联网,不是个人主义的唯一领域,对其他文化也具有基础作用。所以,"互联网是网络的网络"。

4.2.1 全球文化与传播

卡斯特在对全球文化结构分析时,提及"在我们今天全球化世界,传播如何发生的问题",作为分析全球文化变迁的主要问题。主要是追问上述全球文化结构性特征,在分化、碎片化、区隔化和客制化过程中发生了什么?在回答这个问题的过程中,卡斯特特别强调其固有的网络观,只不过这次更具体到互联网

---

① Castells M. Communication Power[M]. New York:Oxford University Press,2009:121-122.
② Castells M. Communication Power[M]. New York:Oxford University Press,2009:123.

层次,他说"互联网拥有自由文化的文化基础,不是个人主义专属,而是为全球消费主义和娱乐、多元文化主义和世界主义扩散的网络和工具"[1]。

卡斯特强调"全球文化是一种为传播(而产生的)文化"。传播整合在超越所有差异的传播行为中,哪怕在这些进程中文化是支离破碎或整合的,在现实中,二者都有可能。它是支离破碎的,因为信息的多样性;它是整合的,因为意义的生产是通过一系列"传播协议",这些传播协议使一个以传播为中心的文化成为可能。

卡斯特所谓的"传播协议"描述了"作为实践与让意义可以共享的支撑组织平台","传播协议"作为传播"横向实践",与每一个在"全球网络社会文化领域"的代表交织在一起,即"消费主义、网络的个人主义、世界主义和多元文化",通过共享来保持它们在传播中的特殊意义。

网络社会传播协议在保持构建新的公共领域中也具有意义。根据卡斯特,当代传播的主要协议是"广告、通用媒体语言、品牌和网络数字超文本"。广告在所有的文化和形式中存在,在全球和地方媒体产业网络具有关键地位,同时,通过文化的商品化扩散来影响全球文化的表现。共同的媒体语言是构造和利用媒体叙事的共享形式。此外,品牌在不同文化模式中将个人连接到群体中,考虑到媒体的作用,这个过程是通过全球化进程和文化连接完成的。与此同时,构建在多方向交互输入基础上的网络数字超文本产生了一种共同的文化,文化的内容是在集体协作基础上产生的[2]。传播协议,正如卡斯特所描述的,是基于"文化的分享而不是分享文化"。

最终,传播协议不是外在的传播行动过程。它是建立在人的心灵中,通过传播系统中多个连接点之间的互动和人们在多任务处理中的心理建构。它伴随着所谓的受众在文化过程中的变迁,扭转其对大众媒体时代对媒体的历史依赖性。

---

[1]　Castells M. Communication Power[M]. New York:Oxford University Press,2009:12.
[2]　Castells M. Communication Power[M]. New York:Oxford University Press,2009:126.

第 5 章　卡斯特的传播权力观

权力是社会科学中关键的研究主题,也是卡斯特研究生涯一以贯之的线索。权力在卡斯特传播思想中居于重要地位,卡斯特自述:"尽管自己的研究对象复杂且具有多样性,研究范式也经常变换,但权力问题是我研究一直反复出现的主题,也是我理论建构的焦点。"①选择权力作为实证观察和理论表达的关键主题是源于卡斯特自己的观察,在研究生涯初期,他认为"权力是理解社会结构和社会动力的主要来源,权力关系作为社会基本关系,构造和形成了调节社会生活的机构和规范"①。此时,卡斯特对权力的定义多是遵循传统权力理论逻辑,并未将其作为独立的研究对象,传播在这一阶段仅仅是作为宣传范畴一带而过。

在 20 世纪 80 年代中期,当卡斯特提出网络社会理论之后,传播与权力问题才逐渐在其研究中"结晶",卡斯特说"我原来的方法没有专注于权力,虽然它作为最终必须回答的基本问题总在我脑海里萦绕,预示着我以后发展出权力在传播权力方向的理论"①。在网络社会中,权力形成场域和空间的改变,权力作用的机制深受信息和传播的影响,从而发生了一些根本的变化,卡斯特在实证基础上捕捉到这种变化,随后对权力进行了重新定义,并采用了网络权力具体形式的结构分析和思想框架的微观权力分析视角,提出了传播权力理论。本章我们就从卡斯特对权力的全新概念界定出发,对其权力理论谱系、具体结构表现与特点进行细致考察,力图从整体上把握卡斯特传播权力思想的内涵与特点。

---

① Castells M. A Sociology of Power:My Intellectual Journey[J]. Annual Review of Sociology,2016,42(1):2.

5.1 卡斯特权力概念及谱系

5.1.1 权力哲学思想谱系

纵观卡斯特60多年研究生涯(截至2019年之后,卡斯特担任西班牙教育大臣,成果基本停滞)所走过的学术路径,其研究范式发生了六次变革①,从最初的马克思主义到超越马克思,进入到了结构主义方法路径中,但无论如何变化,权力都贯穿始终。他坚持"权力关系是社会的DNA,是所有文化的源代码,是连接所有事物和最终揭示社会生活进化可能路径的进程"①。权力问题在卡斯特研究中处于非常重要的地位。

权力是传统政治哲学的重要概念,但在不同情境中被赋予不同的含义。卡斯特对权力的研究就是在这个脉络中批判发展起来的,在对卡斯特的学术自述和思想文本的分析中,我们发现,卡斯特的权力思想主要受以下几个经典思想家的影响②,因为本书主要从思想谱系的角度总结,故择要提炼,核心还是要聚焦于卡斯特传播权力的研究。

早期,卡斯特的权力观点与马克思主义及现代社会学家如出一辙,后期在网络社会结构和全球化变迁的背景中,其权力概念和作用逐渐发生了根本变化。无论发生何种变化,卡斯特权力思想并非无源之水,而是从现代权力思想谱系中发展而来的。

卡斯特在学术自述中,认为自己在20世纪70年代早期的理论主要是:

"为了适应马克思主义者的术语体系,有时候甚至拘泥于形式化的马克思主义。……对我产生最直接的影响……是来自我密友兼同事尼科·普朗查斯(Nicos Poulantzas)……尼科是个政治积极分子,他的马克思主义总是直接致

---

① Castells M. A Sociology of Power: My Intellectual Journey[J]. Annual Review of Sociology, 2016, 42(1):2.

② 虽然卡斯特将自己的权力概念与福柯、哈贝马斯与韦伯联系起来,并认为自己的权力是建立在吉登斯的结构化理论基础上的。但我们认为其权力理论更详细的谱系应当从马克思主义时期算起。

力于实际的历史变化过程而非阿尔都塞学派教条的世界。"①

而在1970年末,卡斯特虽然声称越来越远离马克思主义理论,即使这样,他后来的一些研究领域仍离不开马克思主义分析方法。

马克思主义权力观点主要是从经济利益的决定性前提出发,将权力与经济基础、阶级关系结合在一起,把权力看作实现经济利益的手段,是维护阶级统治的工具②。而普朗查斯(Nicos Poulantzas)是结构马克思主义在政治学领域的代表。普氏提出著名的"阶级关系就是权力关系"的命题。权力的概念是阶级实践领域所构成的,它同社会阶级关系联系在一起。从这个立场出发,普朗查斯提出了一种权力概念,即"权力标志着一个社会阶级实现其特殊客观利益的能力"③。权力与阶级斗争、阶级组织、阶级利益和阶级的"客观利益"有关。除此之外,普朗查斯还坚持国家是执行政治权力的中心,但这并不意味着各种各样的经济、政治、军事、文化等不同性质的机构只是社会阶级权力的工具、机关和附属物,它们有着自己的独立性和结构特征。

普朗查斯试图用阶级分析方法来研究权力的性质、范围和作用,清除笼罩在权力之上的虚假意识,即认为权力是全体人民意志的表现,这对卡斯特是有启示的。

早期,卡斯特将权力理解为一种阶级能力,更具体来说是实现阶级统治的能力。但随着研究的深入拓展,他开始聚焦于马克思所忽视的城市问题和社会变迁,并将城市空间置于结构性支配和社会变迁的显著位置。在城市规划研究和城市社会运动中,他采用马克思所强调的矛盾和阶级斗争的分析方法,例如,社会运动在城市转型中扮演的角色(Castells,1976),但又与马克思主义完全集中在产生权力的经济过程不同,卡斯特对城市权力的分析提取了经济过程的权力,并将它们重新置于社会和政治过程中。他的贡献在于引入了"集体消费"概念,并将其作为研究城市社会运动的重要视角,因政府干预而从经济领域转移到了政治领域和城市空间。这一概念对政治的聚焦是一种权力的多维研究方法。他一直将权力视为自己学术研究的中心,后期卡斯特放弃马克思主义,

---

① Manueells. A Sociology of Power: My Intellectual Journey [J]. Annual Review of Sociology, 2016, 42(1):15-16.
② Giddens A. New Rules of Sociological Method[M]. New York: Basic Books,1993. 106-110.
③ 刘俊杰,简论普兰查斯的结构主义国家权力学[M]. 东北师大学报(哲学科学版),1988(3):7.

将之视为研究工具,甚至认为国家权力在网络社会蜕化成全球网络的一个节点,传播成为权力形成和施行的决定性空间和领域。这与其早期权力思想迥异,但普朗查斯的结构分析方法被卡斯特继承了下来,他实际上并未完全脱离马克思主义的研究方法。

除了马克思主义传统的继承,卡斯特对马克思·韦伯的权力思想也有所借鉴,韦伯认为权力是"一个人或一群人在社会行动中实现自己意志的机会,甚至不顾其他参与者抵抗的情况下实现自己意志的能力"[①]。也就是说,权力是一个人或群体迫使其他人或群体贯彻其意志以实现自我利益的能力,支配与服从是权力关系的本质特征。这是一种"影响结果的能力",权力的重要属性是强制性。在韦伯看来,权力离不开强制,亦离不开暴力,权力必须以暴力或暴力威胁为基础,暴力是韦伯权力概念的重要组成部分。韦伯还将其合法性概念与权力结合。卡斯特的网络社会理论直接在韦伯基础上定义权力,认为它"是人类主体之间的关系,在生产和经验的基础上,通过潜在的与实际运用的(实质与象征)暴力,将某些主体的意志强加于其他人之上",对卡斯特而言,权力也是"建立在国家机器对暴力的制度性垄断基础之上"[①]。即使到了"传播权力"研究阶段,卡斯特还继续引用韦伯的权力学说为其理论做脚注。但当其提出权力总的关系定义后,将胁迫(暴力)和说服拓展为行使权力的两个主要形式。"胁迫(暴力)"主要由国家机器、法律和规范的强制执行来体现,而"说服"则是由文化机制的多样化产生的权力话语来体现,并由社会传播系统形成和扩散。从这个假设开始,卡斯特在韦伯权力暴力和强制方式基础上,增添了权力的说服(或传播)方式,且在胁迫和说服、暴力和传播的权力方式之间,对韦伯的权力理论的依赖逐渐减弱,传播权力变成卡斯特研究后期主导(甚至是唯一提到)的权力形式。卡斯特认为"胁迫行使的权力是一种弱权力,难以持续。只有当权力获得默许或至少被屈从的主体所认同时,统治才能持续。控制人思想的权力比控制身体更为重要"[②]。

卡斯特对米歇尔·福柯的权力思想也有借鉴,他承认自己对社会权力的兴趣深受福柯作品的影响,"我在巴黎的时候,我与他(福柯)没有很多交流,……

---

① 曼纽尔·卡斯特.网络社会的崛起[M].夏铸九,等译.北京:社会科学文献出版社,2006:14.
② Castells M. A Sociology of Power: My Intellectual Journey[J]. Annual Review of Sociology, 2016, 42(1):9.

我主要通过与一些研究福柯很有趣的学者合作了解他的见解。这些研究者都隶属于受福柯支持的研究中心(CERFI)。我与他们分享我在1968'五月运动'的经历和从权力的角度来观察城市研究的兴趣"①。

一方面,对福柯来说,权力不仅是一种资源,而且是一种关系。它从来不是"持有"或"所有",而是战略性地行使。权力分配的逻辑并不总是意味着资本积累,虽然权力像资本一样分布不均,但它是在整个社会机构中得到运用。在任何地方有权力都有反权力。福柯认为权力的积极影响更重要,它不是压制性的,而是具有令人难以置信的生产能力。同时,它的形式是高度具体的,并不能被经济过程单独捕获。

与福柯不同,卡斯特承认有一个属于国家的权力机制,它以私人和政治利益的名义通过胁迫和恐吓行使。这种机制是他所谓的"恐吓力量"。恐吓力存在于另一个更具决定性的权力机制,属于话语机制,通过信息传播网络传播并通过说服行使。卡斯特利用福柯的术语,把权力的第二个机制称为"规训权力"。但为什么这第二个机制被理解为比第一个机制更具有决定性?卡斯特的答案很简单:通过移动传播网络的权力具有塑造人类思维的独特能力,部分是因为它几乎可以被社会中的每个人访问。又因为它受到媒体精英垄断的严格控制,它往往会复制。卡斯特解释说"只有强迫,不能稳定统治。制造同意,或至少相对于现有秩序灌输恐惧和服从的能力对于执行管理社会机构和组织的规则至关重要"。②传播权力最有效的形式是说服力,这是一种能够改变人们思想的权力。卡斯特虽然承袭了传统政治学和社会学对权力问题的认识,认为权力是一个集团利用压迫他人的形式去维护自身的意愿和利益的能力。但其权力观点与这些经典作家渐行渐远,当卡斯特提出独立的"传播权力"理论时,其权力研究的重点转移到了传播领域,并与信息传播网络紧密相关,正如卡斯特后来所解释的那样,在"网络社会,社会权力主要通过(或被)网络施行"③,传播网络是网络社会中权力建构和施行的基本网络。不言而喻,卡斯特这种以传播为主要目标的权力分析方法,对其后期研究至关重要。在早期,他对媒体和

---

① Castells M. A Sociology of Power: My Intellectual Journey [J]. Annual Review of Sociology, 2016, 42(1):16.
② Castells M. Communication Power[M]. New York:Oxford University Press,2009:3.
③ Castells M. A Network Theory of Power[J]. International Journal of Communication, 2011(5):773-787.

传播的兴趣是偶然和有限的。而网络社会理论则提供了一个理解技术所决定的网络媒体核心作用重要角度,强调了权力在网络社会中的核心地位。最终,卡斯特对我们理解媒体的社会角色贡献巨大。而马克思、韦伯和福柯都没有涉及这个问题。福柯的权力观忽视了权力的负面影响,规训与惩罚中对权力运作以及权力是如何在网络中运作的,福柯都未涉及。

另外,卡斯特对权力问题研究与马克思、韦伯、福柯等人还有一个重要的区别,那就是卡斯特的权力研究是建立在实证基础之上。这些内容将在下文详细讨论。

5.1.1 权力定义及其特点

卡斯特的目标是试图在实证基础上描述当前围绕网络的社会形态变化,最终理解社会变革。在其理论发展的最新阶段(2010 年之后)主要是借助传播理论并与权力理论结合。他说:"我原来的方法没有专注于权力,虽然它作为最终必须回答基本问题,总在我的脑海里萦绕,预示着我以后发展权力在传播权力方向的理论。"[①]

从只是将理论作为工具的观点出发,卡斯特认为"通过各种不同的研究,理论对生产知识非常有用。但理论本身并不是一个目标";对他而言,权力没有抽象的概念,亦没有理论性质,它在特定的个人、组织以及网络的手中。他主张,"你无法创作出广泛的理论,而只能够对特定情况做特定分析"。一方面,权力关系对社会而言是基础性和根本的关系,因为它们建构和形塑了社会生活的制度和规范;另一方面,卡斯特对权力的定义又是多维度和多层次的,卡斯特先是在抽象的维度对权力和反权力进行了总体定义,然后他又在网络社会权力具体问题研究中,从中观的角度对网络权力进行了具体定义;最后卡斯特在具体研究过程中,将权力缩小到某个具体范围或维度,比如"编程和转换"、传播权力与思想框架等具体而微的层次。这三个层次组成了卡斯特对传播权力研究完整的结构。下文将通过卡斯特相关文献来具体阐述。

---

① Castells M. A Sociology of Power: My Intellectual Journey[J]. Annual Review of Sociology, 2016, 42(1):2.

1. 第一个层次:权力的总体性的定义

在《传播权力》(可能会有早期的文献)中,卡斯特为权力下了一个相当宽泛的定义:"权力是能使被赋权的社会行动者以有利于其意愿、利益和价值观的方式非对称地影响其他社会行动者决策的关系(Relational)性能力。"权力是通过胁迫(Coercion)(或胁迫的可能性)或通过社会行动者支配其行动的话语(Discourses)基础上建构意义来施行。

权力关系由嵌入于社会制度中的统治权力所塑造。权力的关系能力受限于统治的结构性能力,但并不由其决定。社会制度可以靠施加在对象身上的统治来实现权力关系。[①]

卡斯特颠覆了自启蒙运动以来,理性主义传统所秉持的权力产生自理性个体对国家的权利让渡这一单一实体权力的观点,看到了权力的多种表现形式,拓展了权力形成中象征和传播的层面以及话语和意义背后隐含的权力关系。在这一全新的权力概念中,卡斯特区分了两种权力形式:一是通过国家或机构对暴力垄断,这是一种强制手段,是物质性的;二是通过话语说服,并通过传播网络进行意义的建构与扩散,这是一种象征性手段,受传播过程支配。对这两种权力的不同形式和作用,卡斯特清晰地表明了立场:"合法或不合法的胁迫和行使胁迫的权力都是权力的基本来源,但是胁迫不能加固统治。为了对被统治的机构和社会组织强加规则,对于现行秩序取得同意或者至少潜移默化中感到害怕和顺从的权力是基本的权力。"[②] 对卡斯特而言,通过暴力实施的权力,不能长久,而全球传播网络的权力具有塑造人精神的独特能力,传播权力最有效的形式是去说服、改变人们的思想。因而它很容易在社会中被每个人接受,所以是根本的权力形式。至此,卡斯特打开了权力传播方式定义的开口,传播与权力之间的结合更加紧密,甚至成为他后期主要的研究理论框架和思考出发点,但这个过程复杂且艰巨。

卡斯特将权力关系看作建构和形塑社会生活制度和规范的基础性社会关系。但这并不是权力定义的全部,其权力思想有个至高无上的矛盾定律——"哪里有权力/统治,哪里就有反抗",卡斯特在不同时期还指出"任何有权力的

---

① Castells M. Communication Power[M]. New York: Oxford University Press, 2009: 10.
② Castells M. Communication Power[M]. New York: Oxford University Press, 2009.

地方就有反权力,而后者体现在社会组织中处于从属位置的利益和价值"。①他认为,每种类型社会都有一种具体行使权力和反权力的形式。在这些制度建构和重构中,人类行动组织的结构与过程依赖权力与反权力之间的特殊互动。

在提出网络社会理论之时(2004),卡斯特就认为网络社会权力形成的过程中必须从权力和反权力两个方面来考虑,最初的反权力是在网络编程中被排除或者不具代表性的利益、价值和规划而进行的反抗。卡斯特对传播权力一般定义和反权力是结合在一起的,二者共同构成了其总体性权力结构。

在 2007 年,卡斯特又重申相同的态度。在新的传播生态中,权力空间发生了根本变化,"纵观历史,传播和信息已经成为权力与反权力,统治和社会变革的基本来源",那么权力的过程和权力的关系面临着制度化的挑战……权力和反权力过程的关系在传播领域越来越明确。"②

权力和反权力构成卡斯特传播权力思想的核心张力,他对传播权力具体的研究,均建立在此基础之上,比如编程和转换的权力、必然面对反编程和转换,对信息的控制则面临着对信息的解放和抵抗。他强调,"权力和反权力之间具体的相互作用使权力更加多维,因为这是围绕在根据人类活动的每个领域赋权的行动者的利益和价值观编程的多维网络"。

2. 第二个层次:具体的权力类型定义

卡斯特在权力总体定义和在经验基础上对权力和反权力、网络社会中制度性的政治和社会运动进行了特殊分析,但他发现,"仍然缺少一个合适的理论建构来理解网络社会中的权力"③。作为对此困惑的回应,卡斯特将既有的单体权力扩展成四种形式的网络权力,这是卡斯特在网络社会和传播权力具体研究过程中,对权力所进行的类型化结构分析。用他自己的话来总结,就是"该分析带有强烈的扎根理论色彩"③。最终卡斯特将自己建构的权力理论蓝图称为

---

① Castells M. A Network Theory of Power[J]. International Journal of Communication,2011(5):774.
② Castells M. Communication,Power and Counter-Power in the Network Society[J]. International Journal of Communication, 2007(1):238-239.
③ Castells M. A Sociology of Power:My Intellectual Journey[J]. Annual Review of Sociology, 2016, 42(1):1-16.

"权力的网络理论"①,并在 2011 年撰文做专门总结②。但是这种结构并非一开始就十分明晰,它是在卡斯特一系列经验研究基础上发展并最终定型的。

从 2004 年《网络社会:跨文化视角》一书的研究开始,卡斯特就认为,在网络社会中,权力来源并不能从单个实体中被分析,于是他就对权力形式进行了初步扩展,认为权力主要被网络所变革并通过网络实施。从网络逻辑出发,权力主要是依赖"编程(Program)"和"转换(Switch)"的机制(对于这两种机制,本书在下文中将会统一解释)的编程者和转换者,而且程序员和转换者又是社会行动者或者行动者组成的网络,在网络社会中占据结构性的优势,因此,二者在网络社会中共同行使着权力。但这仅仅是卡斯特对网络权力类型化研究的开始,随着卡斯特研究的深入推进,网络权力的具体类型更加丰富和精细,最终在 2007—2011 年,卡斯特完成了网络权力类型化的阐述③。他认为权力是多维的,且在网络社会权力是围绕授权者的价值和利益在每个社会活动领域所编程的多维度网络施行的。为了具体回答通过哪种类型的网络及其在权力构建中如何操作的问题。卡斯特将权力的理论扩展成网络中的 4 种形式的权力:网络准入权(Networking Power);网络规范权(Network Power);网络内控权(Networked Power);网络建构权(Network-Making Power)。④ 相关内容在 5.4 节具体介绍。

重要的是,"编程"和"切换"两种机制的使用不仅是为加强现有权力结构,也可能改变和破坏它。权力和反权力以相同机制、通过相同逻辑施加。有趣的是,卡斯特在稍后的阐述中,又提出了重新编程(再编程)的说法,重新编程可以是反权力的一个实例,当它改变或引入新的代码到现有程序中,从而显著改变了后者。反权力(或抵抗的)第二种机制包括阻塞转换重要网络的关键转换者,这个过程起典型作用的是黑客。卡斯特将每一种权力形式都对应定义了行使权力的具体过程,且与反权力的过程紧密相连。而权力和"反权力"则构成了全球网络社会的核心权力准则。

---

① Castells M. A Sociology of Power: My Intellectual Journey[J]. Annual Review of Sociology, 2016, 42(1):1-16.
② 曼纽尔·卡斯特. 网络社会:跨文化的视角[M]. 北京:社会科学文献出版社,2004:64.
③ 主要分布在 2007 年的个别文章、《传播权力》一书和《A Network Theory of Power》一文中。
④ Castells M. Communication Power[M]. New York:Oxford University Press,2009:44-47.

3. 第三层次:卡斯特在权力过程具体分析中,提出了微观的权力结构

比如,将传播权力具体为编程、转换和框架能力;传播权力作为技术能力乃至作为流动的权力,这在卡斯特2010年之后的分析中俯拾皆是,体现了他对理论工具的一贯观点,本书在稍后的详细分析中会关注到这个内容。

这三个层次的权力共同构成了卡斯特传播权力定义与研究的整体结构,值得关注的是,卡斯特对权力的具体阐述,也是在具体的实证过程中展开,这在其2016年的学术自传中也有明确交代。[①]

4. 卡斯特对传播权力定义的特点

(1)卡斯特对传播权力的多层次定义是从其具体研究方法的立场出发。他对权力现象的分析是为详尽阐述理论提出的实证问题,但只是从理论作为工具的观点出发。卡斯特在各种场合都表达了同一观点"通过各种不同的研究,理论对生产知识非常有用。但理论本身并不是一个目标"。这是他总体研究策略的关键,尤其是在对权力的研究中。卡斯特说:"这种权力是基于对传播和信息的控制,它是国家和传媒公司的宏观权力,或是各类组织的宏观权力。"[②]

对卡斯特来说,权力没有抽象的概念,亦没有理论性质;它在特定的个人、组织以及网络的手中。他主张"你无法创作出广泛的理论,而只能够对特定情况做特定的分析"[③]。在对权力和反权力的总体定义基础上,卡斯特秉承他对理论一贯的工具态度,在具体研究的过程中,定义了具体的网络权力,而每一种定义,则体现了其对应的施行逻辑。

(2)卡斯特通过对权力的传播方式定义,为传播权力整体构建了框架。在此过程中,卡斯特将前后的研究统合起来,将网络社会理论和权力理论在传播领域统合起来。他坦陈:"我把我的注意力,从我在伯克利的新优势,转移到了社会形成中的结构转变:一种新的社会结构的出现,被认为是后工业时代,我逐渐将其概念化为'全球网络社会'。因此我原来的方法没有专注于权力,虽然它

---

① Castells M. A Sociology of Power: My Intellectual Journey[J]. Annual Review of Sociology, 2016, 42(1):2.
② Castells M. Communication Power[M]. New York: Oxford University Press, 2009:46.
③ Castells M. A Sociology of Power: My Intellectual Journey[J]. Annual Review of Sociology, 2016, 42(1):3-4.

作为最终必须回答基本问题,总是在我的脑海里萦绕,预示着我以后发展权力在传播权力方向的理论"[1]。

5.2 传播权力的总体框架与相互关系

权力研究是卡斯特思想的总线,而传播研究则把其思想带到网络时代前沿,这一过程是通过卡斯特传播权力概念框架完成的。在此前很长一段时间内,卡斯特思想中"传播和权力"关系同我们之前分析的"传播与文化"关系一样,两个概念的范围和具体表述,是沿着各自平行路径不断演化:一方面是卡斯特思想中权力没有独立,始终依附在之前研究主题中,乃至"信息时代三部曲"中也未能建立针对网络社会的权力理论[2];另一方面,卡斯特对传播的关注,则是在网络社会理论之后才不断显现。他认识到网络社会进程中权力和传播网络向社会生活各个领域的渗透,"如今,传播领域——包括新技术环境中的新媒体和传播的横向网络——是权力关系得以展开的场域。传播是我们这个世界政治运作的中心"[3]。这种认识促使卡斯特进入传播领域,并于 2003 年从伯克利退休之后,接受南加州大学安南堡传播学院邀请担任传播技术和社会主席。为此,卡斯特付出了近十年的光阴,集中于理解全球传播转型和权力运作(包括反权力)之间的互动关系,最终出版了《传播权力》一书,作为其传播思想的总结。

总体而言,卡斯特主要通过两个核心逻辑将传播与权力结合在一起——空间逻辑和功能逻辑,卡斯特对权力的关注从之前的政治经济趋势分析转向传播和更微观的神经生理、心理学。而这两个逻辑的互动共同构成了卡斯特传播权

---

[1] Castells M. A Sociology of Power: My Intellectual Journey[J]. Annual Review of Sociology,2016,42(1):3-4.
[2] 在"信息时代三部曲"中,卡斯特未能建构一个网络社会所特有的权力的理论。原因有两方面:一是卡斯特的健康恶化,二是理论的本质。因此,在探索一个权力的网络理论前,卡斯特需要理解新型传播形式和权力制造与反权力思想涌现的过程之间的互动。集中于这些问题的经验研究使卡斯特再付出了另一个十年光景。
[3] 邱林川. 中国、传播与网路社会:与卡斯特对谈[J]. 传播与社会学刊,2016(1):1-15.

力思想的总框架。

本节拟先从卡斯特对传播与权力关系的主要认识入手,来理解卡斯特传播权力思想总体框架,然后在具体领域分析卡斯特传播权力作用的具体过程,并总结其传播权力提出的意义。

如前文所述,卡斯特提出了总体性的权力定义,无论是传播与权力空间逻辑,还是权力的功能逻辑互动,都是在此定义之下的具体操作。

5.2.1　传播与权力在空间逻辑中的结合

历史上,权力是置于组织和机构之中基于各种中心的等级制度而建立的,但网络社会的权力在两个维度发生了变化:一方面,因网络社会兴起和全球化的发展,民族国家权力衰微,权力关系被重构。网络分解了中心,化解等级制度,在卡斯特的网络社会权力中,民族国家成为全球网络社会的一个节点。权力从国家、传统意义上的教会、学校,医院和各种官僚机构中转移,进入网络和传播空间;另一方面,因为信息技术的发展,网络社会中的传播日益重要,权力被嵌入传播(媒体)空间当中。

卡斯特在对传播权力的具体过程论述时将各种概念信手拈来,体现其研究方法和思维特色(因卡斯特拒绝任何理论背景的方法论特点,其形式和名称不断地变化和修改),他将传播与媒体、信息技术、象征性符号流动、传播网络、网络甚至直接是大众传播和社会媒体等同,而权力则与政治斗争、媒体政治、权力结构和权力关系混同,令研究者与阅读者眼花缭乱。但无论怎样变化,其基本逻辑都是为了表达——在网络社会中因社会结构的重构,权力作用被传播空间所捕获,传播空间作用日益重要。

对此,卡斯特有两个基本表述:传播(媒体)作为权力的空间或传播(媒体)就是权力的空间。政治在网络社会变成了媒体政治,媒体是政治控制的关键战场,至少在民主系统里,"现实"越来越被媒体所中介,因为它们确实是大多数人的真实虚拟环境。在网络社会理想类型下所概述的社会转化过程,超越了社会生产与技术关系领域,这些过程也深刻地影响了文化与权力。因为网络社会,信息与传播主要经由多样化、综合性媒体系统流动,政治在媒体空间的表现逐渐凸显。政治必须架构在以电子为基础的媒体语言上,这对政治过程、政治行动者与政治制度的特性、组织和目标都有深刻影响。

媒体政治是指基于和依附于媒体的政治行为。媒体是当今全球决定性的传播途径。在奠定卡斯特"传播权力"核心思想的《传播权力》一书中，论述则更加直接，"在网络社会……政治首先是媒体政治"。媒体在此书中主要涵盖传播组织和技术，包括大众传播和大众自传播。该书明确"媒体……是权力形成的空间所在。媒体所构成的空间能够决定两个竞争性的政治和社会行动者间的权力关系博弈。"①因此，几乎所有的行动者和信息必须通过媒体来达到其目标。它们不得不接受媒体交战规则，媒体语言和媒体利益规则"②。

卡斯特假设媒体或者媒体空间创造权力，但是媒体本身并不掌握权力。尽管媒体并非权力所有者（因为它们的多样性，以及媒体、商业和政治系统间的复杂互动），但它们建构了权力上演和最终施行的空间。卡斯特将这种传播空间定位在选举、治理、合法化和去合法化中扮演越来越重要角色的互联网传播网络之中。这种个人化政治和建构策略以及政治领袖和政党形象解构作为主要的政治武器导致了"丑闻政治"，因为媒体政治不能被传统资本势力所赞助，因此，政治领袖的信任危机成为了攻击其最强有力的形式。传播转型和政治系统合法化的普遍危机之间的互动是卡斯特《传播权力》一书研究核心。卡斯特在书中谈论了非常多的权力空间，厘清这个问题对我们了解卡斯特思想至关重要，并让我们更接近于其理论。

5.2.2 传播与权力在功能逻辑上的结合

卡斯特对传播对权力的作用，除空间逻辑的论述之外，对权力作用功能的认识也逐渐凸显，在论述网络社会结构变迁的过程中，传播被认为是权力行使的方式和构建方式（前者主要在宏观层面，而后者则是在中微观层面的过程分析）。

首先，传播作为权力的施行方式。早在"信息时代三部曲"第3卷《千年终结》(2002)中，卡斯特坚持认为没有图像、声音或者符号的控制就不可能得到权力和行使权力。"新权力存在于信息符号之中，在符号图像再现中，社会组建机构，人民建立生活，决定其行为。"③只不过在此时，权力更多是与网络社会的认同联系起来。

---

① Castells M. Communication Power[M]. New York: Oxford University Press, 2009:
② Castells M. Communication Power[M]. New York: Oxford University Press, 2009:46.
③ 曼纽尔·卡斯特. 千年终结[M]. 夏铸九，等译. 北京:社会科学文献出版社, 2006:329.

《传播权力》(2010)中,卡斯特提出权力的总定义后,清晰地表明了其观点,认为胁迫和说服是行使权力的两个主要形式。暴力主要由国家机器、法律和规范的强制执行来体现。说服是由多样化的文化机制产生的权力话语来体现,并由社会传播系统形成和加强。以此假设开始,在胁迫和说服、暴力和传播的权力方式之间,卡斯特认为:

"胁迫行使的权力是一种弱权力,难以持续。只有当权力获得默许或至少被屈从的主体所认同时,统治才能持续。控制人思想的权力比控制身体更重要。此外,这个过程不应理解作为一种纯操纵机制,但可作为某些话语在话语的传受者之间有效的传播过程中被个人接受和内化的能力,可见就在话语层面来说,传播系统对权力形成和施行至关重要。"[①]

根据卡斯特使用概念和对待理论的一贯态度,他对同一个概念使用会有不同形式。《传播权力》一书中也有类似表述,"所有网络权力都是在大众传播多媒体网络中通过明显影响人类思维来施加权力的"[②];"传播通过激活网络中脑海中事件和图像的关系的过程来行使权力"[②]。虽然这种表述形式不一,但传播在其中,都是权力行使方式的一种,且是主导性的。而且卡斯特的分析是基于特定的社会结构——网络社会基础之上的,这是一个围绕着数字传播网络构建的社会结构。卡斯特认为,在全球数字传播网络崛起的新组织和技术环境中形成和行使权力关系的过程作为我们时代的基本符号处理系统而发生了决定性的转变。因此,对权力关系的分析需要了解社会传播形式和过程的具体特征,卡斯特追溯了20世纪八九十年代传播系统的根本性转型:第一,传播的数字化产生了传播的新形式——大众自传播,基于因特网和交互性传播的全球地方网络,发送者和接受者在同样的传播流中相汇合。第二,因为数字文本全球扩张的能力,传统大众媒体在技术上整合,与此同时,在文化性和组织化地根植于特定情境。第三,垂直大众媒体和传播的横向网络逐渐在同一系统中融合,形成了卡斯特所谓的超文本。第四,媒体公司围绕着全球规模性的多媒体商业网络进行组织。这些商业网络集中资本和管理,并多样化内容和定制化观众。

---

① Castells M. A Sociology of Power: My Intellectual Journey[J]. Annual Review of Sociology, 2016, 42(1):9.
② Castells M. Communication Power[M]. New York:Oxford University Press,2009:46.

第五,虽然政府在媒体系统中保持了相当大的约束和制度权力,但公司开始代表大量的大众传播,既在传统媒体中,又在网络的传播系统中。第六,大众自我传播网络被依赖于传播设施和技术公司,却在定义互动内容中保持自主,被以牺牲隐私为代价的用户所占据。我们的社会已成为一个在全球范围内完全被数字传播所网络化的社会。

其次,传播作为权力的构建方式。这间接出现在《传播权力》一书中,体现了卡斯特权力分析的新方法。卡斯特在该书的第3章,通过将网络概念缩小至微观神经网络的尺度,将思想及其建构的问题带入传播研究,卡斯特认为,"信息传播最终是社会权力的来源,因为它提供了人们建构意义的符号,但是这个新传播环境并不完全来自媒体集团,它存在于由大众自传播重构的新媒介空间,意义的提取和重构的机制是在框架思维过程中发生的"[①],这是卡斯特另一个研究的焦点。

他假设,最基本的权力在于塑造人类思想的能力。我们的感觉和思考方式决定了我们个人和集体行动的方式。为了解释权力是如何通过传播过程在我们头脑建构的,需要考察在电子传播网络中的权力构建和扩散(或格式化)过程中信息由谁和如何产生的问题,还必须了解在大脑网络中如何处理它们。明确我们世界中的网络和意义与大脑中网络和意义之间独特的连接形式,最终可以确定权力建构的机制。本书此处只是简单介绍,下文会另辟一节具体研究这一过程。

总之,卡斯特主要观点可以归结为,传播权力总体来说,是社会结构和动力的核心[②]。在网络社会中,传播对于权力施行至关重要,但传播与权力并不能简单等同,"权力不仅仅是传播,传播也不仅仅是权力"。为什么呢?综合卡斯特整体研究,我们可以知道,权力必然大于传播,因为权力包括行使暴力,反之,传播最终也包括反权力的表达。

尽管如此,传播与权力相互关系构成了卡斯特传播权力的总体框架:权力依赖于对传播的控制,正如反权力依赖于打破这种控制。大众自传播是可能覆盖整个社会的传播,被根植于媒体产业和国家政治权力关系所塑造和管理。

---

① Castells M. Communication Power[M]. New York:Oxford University Press,2009:136.
② Castells M. Communication Power[M]. New York:Oxford University Press,2009:3.

5.3 权力思想框架

卡斯特随后提出了一个微观结构分析——权力与思想的框架机制,这也是卡斯特《传播权力》一书的另一个核心主题,与卡斯特之前的理论有所关联,但走向了一种微观的网络分析。卡斯特通过汲取神经科学和心理学的最新成果,参考其在南加州大学的同事著名神经生理学家安东尼奥·达马西奥(Antonio Damaso)的研究,将人类行为分析的重心从意识和理性转移到了神经生物学和情感当中,在此基础上应用美国著名政治传播学家罗伯特·恩特曼(Robert M. Entman)的框架理论,通过案例综合分析了传播权力的微观作用机制:权力(权力关系)是如何通过思想框架在人头脑中发生(塑造)的过程,在这个过程中,传播是重要作用机制和作用空间。如此这般,卡斯特将传播、权力和思维认识过程整合在一起。这是卡斯特后期传播思想转变的关键,虽然他使用的分析工具和理论材料都是二手的,但能将人类思想对决策信息的处理与权力建构的传播方式结合,并在最后将其带入政治(传播)领域,这是卡斯特理论最大的创新所在。

卡斯特指出,越来越多的政治学和政治传播研究表明,在人类政治进程中,思维和权力之间存在着一系列复杂的联系。现实中,"权力是在我们大脑神经元网络中建构的,它是由'思维的风车'转动而产生"[①]。这些象征建构的过程有一个共同特点:它们在很大程度上都依赖多媒体传播网络创造的格式化和传播的信息与画面。虽然个体会根据传播的材料自行建构意义,但这一精神过程会受到传播环境的影响。如此一来,传播环境的转型会直接影响意义建构(框架)的形式及权力关系的生产。[①]

5.3.1 框架和意识对决策的影响

卡斯特对人头脑中意义建构和框架的分析是建立在对当代认知神经生理

---

① Castells M. Communication Power[M]. New York: Oxford University Press, 2009:145.

学发展和认知语言学吸收基础之上。

卡斯特认为"传播是通过激活思想来分享意义。思想(Mind)则是头脑中心理图像的操作和创造的过程,观念(Idea)可以被视为心理图像的排列"。他强调,思想并不能还原(化约)为大脑,"思想是一个过程,而不是一个器官,这是在大脑中发生与身体的相互作用一种物质过程。"基于这个前提,卡斯特将思想的问题引入其权力思想中,通过整合安东尼奥·达马里奥(Antonio Damaso)等人的神经生理学研究,结合他独特的网络概念隐喻(网络概念从社会宏观的组织变革,进入神经关联的微观维度),从身体图像、心理图像与神经模式关联的角度来探讨人类如何在大脑中处理信息,进而论述权力建构中传播网络与大脑中(神经)网络的框架机制①。

首先,身体图像、心理图像与神经模式之间相互关联机制。

人的大脑和身体是一个有机体,由神经网络相联系。卡斯特甚至说"我们(人本身)就是与世界网络连接的网络"②。心理图像与神经模式(Patterns)相一致,神经模式是在神经网络中活动的排列,大脑处理从身体和环境中接收的刺激,并对其进行处理。而身体图像,包括身体内部的图像及特殊的感觉器官所捕捉环境变化的图像,前者与身体内部的世界相关,后者则与外部世界相关,构成了对大脑的刺激。

这些图像应对身体和环境的变化,而在大脑中存储图像的各个区域通过一个复杂的过程而作用于这些未经加工的感觉经验原料,从而建构现实。身体图像经过大脑的处理,所产生出来的结果便是心理图像:情绪、感觉、意识等。卡斯特总结说,心理图像是发生在物理世界(我们内部和外部)的材料和我们大脑中保存的经验材料相互混合而构成的图像。但这些图像不是大脑对符号和意义的直接反应,而是建立在复杂网络关联基础上互动和整合的过程,随着时间的推移,连接图像、想法和感觉的关联网络构成了建构情感、感觉和意识的神经模式,所以,脑海中的网络模式是通过与物质、能量的联系而产生的,感官感知模式构成来自我们的经验,过去、现在和未来活动网络的联系(通过根据存储在大脑中的图像预测某些信号的后果),并最终通过情感作用的机制,影响人类的

---

① Castells M. Networks of Outrage and Hope: Social Movements in the Internet Age[M]. Polity. 2015:6.
② Castells M. Communication Power[M]. New York:Oxford University Press,2009:137-139.

决策①。

其次，卡斯特还借助达马里奥（Antonio Damaso）和乔治·莱考夫（George Lakoff）情绪和情感研究的成果，尤其是镜像神经元运作的机制，来探讨感觉和情绪对决策的作用。卡斯特颠覆了自启蒙以来所尊崇的理性批判是思维前提的原则，借助最新成果来论述信念和情感框架是理解人们做出政治决策方式的关键。大脑中的情感与感觉相互联系，以引导本体进行决策，决策的过程与自身内外部网络相关。人类可以通过两条途径进行决策：一是基于框架推理的决策；二是直接从情感的角度决策。不过，情感因素可能直接也可能间接地作用于决策，即情感能用积极或消极的信息标记推理过程，这种信息会在过去经验基础上缩小人们的决策空间。

卡斯特认为，大脑在接收到图像之后，会激活"恐惧、厌恶、惊异、悲伤、快乐和愤怒"等基本情绪，它们可以被分为两类：积极情绪（惊异、快乐）和消极情绪（恐惧、厌恶、悲伤和愤怒）。这些情绪达到了一定强度之后，就会影响人们的决策过程，此决策的过程与自身内外部网络相关，即大脑能将可预见的事件与现存的脑图联系起来。大脑若想建立脑图和外部事件的联系，传播就成了必不可少的过程，而这一过程则是通过"语言—叙事—隐喻到框架"的链条完成。这里，卡斯特大量引用了莱考夫的认知心理学成果来解释。对卡斯特而言，"框架（主要是心理框架）是神经网络的关联，可以从语言通过隐喻连接访问。隐喻对于连接语言和大脑至关重要。通过隐喻构建叙事，叙事是由框架组成的，这些框架是叙述的结构，对应于大脑随着时间的推移而形成的大脑结构"②。框架是可以通过隐喻连接从语言访问的关联神经网络，框架意味着激活特定的神经网络。在语言中，词语与语义领域相关联。这些语义领域是指概念框架，因此，语言和思想通过构成激活大脑网络的叙事框架进行传播。

在这个过程中，传播激活接收者大脑中的相关框架或神经网络。

传播直接影响行为的一种方式是激活我们的大脑中的镜像神经元，这些神经元参与同化和模仿的过程。镜像神经元通过激活特定的神经模式促进人类的情感传播。如当我们自己感到恐惧时，当您看到别人恐惧时，或者当我们看

---

① Castells M. Communication Power[M]. New York: Oxford University Press, 2009: 139-155.
② Castells M. Communication Power[M]. New York: Oxford University Press, 2009: 146.

到表现人类恐惧的图画时,再或者当我们目睹引发恐惧的事件时,我们脑中被激活的神经元网络是相同的。

此外,镜像神经元激活特定的神经模式,由此产生的模仿过程能促进人类语言的建立,因为模仿帮助人类实现从简单的观察和行动到一般性描绘的转变,即抽象过程。人类抽象能力的发展继而促成象征性表现手法的出现,它是人类语言传播的起点。

最后,卡斯特突出了权力与思想联系中情绪的作用。由镜像神经元触发的神经模式激活大脑,这种激活方式是人类各种情感的起源,它决定了人们是否会产生共鸣,是否支持或反对某些电视节目、电影、文学作品的内容,也决定了人们对政党和候选人的政治叙事的看法。这些论点呼应近期受众和效果研究走向,其重点是媒介文本触发更深层的情绪反应。而社会运动的临界点就是从情感转向行动的那一刻……与社会运动和政治行为最相关的两种情感就是"恐惧"(消极情感)和"热情"(积极情感)。积极情感与消极情感是人类进化出的两个基本情感系统。所有的组织机构和制度都会反映出权力关系,漫长历史进程中通过冲突与协定确立权力关系界限。管理人们生活的国家以及其他组织机构的真实形态就是权力与反权力两者之间不断互动的结果。

传统政治哲学认为,基于国家对行使暴力能力的垄断而产生的强制力与胁迫,是社会组织机构当权者得以贯彻其意志的基本机制。但是,在人们头脑中建构意义则是更为重要、更为稳定的权力之源。人们思考的方式决定了组织机构的命运以及各种社会得以组织起来的行为准则与价值观。仅仅基于胁迫力的组织机构都没有办法长久存在。对肉体的折磨远不及对思想的塑造有效。如果多数人的想法与国家强制推行的法律中所蕴含的价值观与行为准则相悖,制度将会发生变化,虽然这种改变不一定能满足社会变革参与者的期望。这就是为什么说,最基本的权力斗争就是在人们的头脑当中建构意义的较量。

总之,卡斯特将神经科学及情绪和认知领域的知识、政治传播网络的知识与我们的头脑处理信息的框架过程相联系,阐释权力关系在人们心灵上的建构基础,通过这一系列过程,传播成为权力建构的方式和作用空间。

5.3.2 卡斯特对思想框架的分析

以上,卡斯特综合最新的神经心理学和认知科学研究成果,提出了思维建构的基础,主要是为了在此基础上提出自己的"思维框架理论",对权力、传播和思想框架问题进行实证分析,以此来理解媒体(思想)"框架"问题。

卡斯特所谓"思维框架",主要是对著名政治传播学家恩特曼框架理论的借用和改造以及在实证过程中的具体阐发。

"框架理论"可以追溯到社会建构论的哲学基础和范式,具体学科层面则是借助社会学家欧文·戈夫曼(Erving Goffman)的宏观社会学和心理学家G·贝特森(G·Bateson)、卡尼曼和特伏斯基(Kahneman & Tversky)在20世纪七八十年代所进行的微观的心理学实验和研究。

将框架理论引入传播研究要归功于著名社会学家戈夫曼,他的著作《日常生活中的自我呈现》及《框架分析:关于经验组织的论文》将框架概念在社会理论中详细阐发,框架理论才普及开来,形成了后世"新闻与社会、媒介话语、框架效果"三种理论发展倾向,并在多个学科中发扬光大,如心理学家卡尼曼与特伏斯基、认知心理和语言学家莱卡夫、政治学家恩特曼、传播学家仙托·艾英戈(Shanto Iyengar)均继承其衣钵[①]。因此框架理论研究目前呈现百家争鸣的态势,形成了不同取向和发展方向,这些研究以恩特曼的理论在政治传播领域影响较大。在《传播权力》一书中,卡斯特主要是借用和改造了恩特曼的框架作为概念主要来源。

恩特曼认为"框架实际上是包含选择和凸显。框架某事或某个议题,就是选择所感知的显示的某些方面,使他们在传播文本中更显著,通过这样的方式来形成一个问题的独特界定、因果解释、道德评价或应对建议"[②]。在恩特曼的理论中,框架有四个栖身之所,"在文化中、在传播者中、在传播的文本中和在受众的头脑中"。

卡斯特选用了恩特曼文章中最主要的部分作为其思想的阐发点,认为框架是"选择和强调事件的一些方面并在它们之间建立关系,以促进理解、评估和解决的过程"。在《传播权力》一书中,卡斯特借用了恩特曼的"级联激活模型"[③],该模型最初运用于美国的政治传播分析中,如图5.1所示。

---

① 杜涛.框中世界:媒介框架理论的起源、争议与发展[M].北京:知识产权出版社,2014.
② Robert M. Entman. Framing: Toward Clarification of A Fractured Paradigm[J]. Journal of Communication,1993,43(4):51-58.
③ Entman R M. Projections of Power:Framing News, Public Opinion, and US Foreign Policy[M]. Chicago,IL:University of Chicago Press, 2004:415.

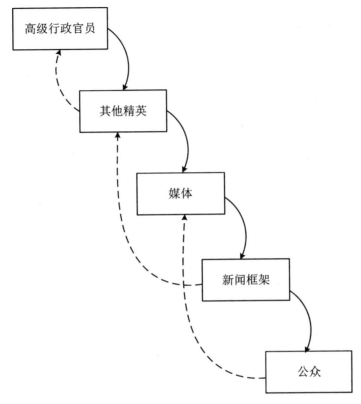

图 5.1 级联活化模型

资料来源：引自 Entman(2004)

这个模型基于恩特曼(2004)对新闻框架、公众观点以及美国外交政策事件中政权关系的调查，它强调的是不同影响等级中各个行动者之间具有连续性的互动，这一互动将议题设定机制、准备、框架化和指标化合并为单一的程序，而这个程序的特点就在于其中不同行动者之间的非对称关系，并通过反馈回路加以调和。在"级联激活"模型中，公众就等同于公众共识，正如在民意调查、投票选举模式以及其他群众行为指标所反映的。从这个层面来讲，该模型的逻辑在于政治体系内部，公众被视为政治消费者和回应性受众的混合体，从政治精英和媒体的角度反映了议题设定和框架化程序的构建。

恩特曼的模型解释了框架如何被激活，并从一个科层系统的顶层(如白宫)扩展到非政府精英网，从那里扩展到新闻和文章的组织，最终公布于众，以及反馈如何从下级到上级①。恩特曼级联激活模型来解释框架连接系统中每一个层次不断影响流向,具体解释了框架的进程。卡斯特虽然在《传播权力》一书中对恩特曼理论进行了详细介绍,但是其最终使用的框架则是简化和改造的框架模型,并加入自己对思想的定义,创新性地把恩特曼的框架研究移植到意识建构的过程中,我们详细分析如下:

卡斯特对框架的概念和作用范围进行了拓展。卡斯特在分析过程采取的框架定义与其作为理论来源的恩特曼定义相差甚远,在恩特曼的理论中,框架主要是根据传播文本来定义的,虽然存在思维中,但并不是思维过程的一部分。

媒体理论中的框架被理解为通过具体方式呈现媒体问题和新闻,影响和形成观众对这些问题的理解的过程;而卡斯特则是从传播内容中取代了框架,并且将它们替换在人们的大脑中,特别是在处理信息的神经网络中。将神经生理学理论和传播理论结合起来,这就是为什么卡斯特不厌其烦地引用达马里奥和莱考夫神经生理学和认知心理学理论成果作为基础的原因。对卡斯特而言,"框架是神经网络的关联,可以从语言通过隐喻连接访问"②,传播激活接收者大脑中相关框架或神经网络,也就是激活我们的大脑中的镜像神经元,这些神经元参与同化和模仿的过程。这些论点呼应近期受众和效果研究走向,其重点是媒介文本触发深层的情绪反应。本书曾经指出卡斯特网络概念的隐喻是在两个层次上操作——宏观结构层次来组织和建构社会形态,微观局部的神经元网络层次在认知上框架了人们的态度和行为。在此处,可以观察到,卡斯特将网络社会理论中网络概念的隐喻降至一个更加微观的途径:把神经科学以及情绪和认知领域的知识,将政治传播网络的知识与我们头脑中处理信息的框架过程相联系,阐释权力关系在人们心灵上的建构,传播成为权力的建构方式和空间,那么谁是权力的执行者或者是掌控者呢,谁激活了思想,谁又创造了框架呢?实际上,这些在卡斯特的分析中并不明确,需要结合其整体的研究来分析。

卡斯特使用伊拉克战争的框架案例来分析,它成功地动员了恐惧和爱国主义;另一方面,社会运动和叛乱政治也可以使用相同的过程,它们可以使用传统方式通过主流媒体进入其议程,并利用横向传播网络来发布他们的观点和图

---

① Entman R M. Projections of Power: Framing News, Public Opinion, and US Foreign Policy[M]. Chicago, IL: University of Chicago Press, 2004:415.
② Castells M. Communication Power[M]. New York: Oxford University Press, 2009:142.

像。虽然传播权力分配存在明显的不对称性,但这种权力也掌握在社会运动和其他寻求社会政治变革的行动者手中,两者都通过公共领域的控制,并且这些斗争的结果不是预先确定的。例如,布什政府使用的框架几乎立即在各种在线网站和替代媒体上引起争论和反驳。因此,媒体效果的问题不再是将媒体作为行业的制度力量,而是来自受众的力量将媒体消息颠覆为某些网络或节点所积累的编程和重新编程能力,这些节点可以是主流或寻求变迁的社会运动。

卡斯特汲取了恩特曼框架中的综合分析路径。在传播效果研究中,框架理论经常与议程设置理论和铺垫理论合用来分析问题,1993年美国学者科斯基(Gerald. M. Kosicki)在一篇关于议程设置和框架研究的论文中[①],首次提出了将前两个理论合并的可能性之后,这种观点得到麦库姆斯(Maxwell McCombs)、加内姆等研究框架理论学者的积极响应。

基于对思维如何运作的理解,卡斯特接着具体对政治竞选运动和宣传进行了分析,这是现代社会传播的中心模式。他指出:"资源丰富的政客及其助手主要是为了引起受众的恐惧、焦虑和愤怒,因为是这些情绪倾向而不是理性的观点在公众的决策中产生更持久的变化。"[②]这些行动与政治家和媒体经常使用的四种机制有关,这四种机制是"框架、议程设置、启动和索引"。

框架是指选择激活神经网络的符号和语言的过程。"'框架'可以重申一个具有强烈情绪内容的典型叙事,例如恐怖主义的案例,从而唤起死亡并引起恐惧";"议程设置"则意味着强调媒体中的某些问题和框架;"启动"具有相似的含义,指的是一些广泛和经常被覆盖的问题和框架对公众对其他问题或政治家的看法的影响;最后,"索引"是媒体绝对倾向于依赖诸如政府或主要政党在报道过程中的观点,特别是当不同的精英组织对政策没有分歧的时候。例如,在布什总统第二任期,"反恐"框架在美国媒体上逐渐凸显,正如阿布格莱布酷刑故事和形象所造成的挑战所表明的那样[③]。这四种机制对政治和权力在媒体中的运作方式具有非常重要的意义,它们"通过传播过程激活事件和心理图像之间的联系网络,权力在多层次动态中运作,其中,人们感觉的方式建构人们认

---

① Gerald. M. Kosicki. Problems and Opportunities in Agenda-setting Research[J]. Journal of Communication,1993,43(2):100-127.
② Castells M. Communication Power[M]. New York:Oxford University Press,2009:150.
③ Castells M. Communication Power[M]. New York:Oxford University Press,2009:153-163.

知和行为的方式"。①

虽然卡斯特认为人们的认知水平决定了其态度和行为。但媒体作为技术、内容和框架并不能决定社会政治后果,因为这些是由多种因素,如政策、行业的反应、文化价值观和信念,以及个人的人格轨迹所共同影响的。此外,网络社会中媒体作为产业不再保持对传播生产的垄断,于是卡斯特提出了大众自传播和新传播系统的融合特征概括新传播系统的整体复杂性。对传播专业的学生来说,这些都不足为奇,因为它们都在专业领域中被广泛地讨论和批判,并体现为新的实证研究和理论成果。从这个角度来看,卡斯特理论的主要贡献是包含并综合了所有这些因素,而不是完全新颖的创新。

5.4 网络与权力

在给出权力总体性定义并解决权力与传播之间总体和微观关系之后,卡斯特还面临着一个巨大的难题:他一直认为每一种社会类型都对应施行权力和反权力的独特方式。在网络社会一系列结构性变迁之后,权力主要被网络所建构并通过网络实行。但这种过程是怎样,又是通过何种网络运作的?并且它们如何在权力形成中运作?这是卡斯特在网络社会深入研究之后必须回答的问题。卡斯特必须提出一个适合网络社会和网络的具体权力分析,这在其早期研究中没有完成(2000年左右),主要是因为:第一,他个人的健康问题;第二,理论的特质。卡斯特当时需要对网络社会的传播机制深入理解。

卡斯特在研究网络社会时,对权力与网络具体联系的分析并不是很明晰,早在2004年《网络社会:一个跨文化视角》论文集中,卡斯特就初步提出网络社会中权力的问题,但那时他理解的权力还是结构性的权力,与暴力结合更加紧密;另一方面,他对网络权力的具体分析与后期相比较而言也是粗放的,在彼时网络社会中的权力主要由"编程和转换"两种机制且只有这两种形式(具体的内涵将在下文一并分析),分别由编程者和转换者施行,权力更多在各个网络"界

---

① Castells M. Communication Power[M]. New York: Oxford University Press, 2009: 193.

面"的交叉点上体现,作为一个实体去被分析。

但在 2007—2011 年,随着卡斯特对传播与权力之间的背景和关系深入研究之后,网络和权力的视角逐渐扩展,其整体发展是在 2008 年一系列论文发表之后,最终在《传播权力》一书中提出了四种权力的类型分析,尤其是 2011 年发表 A Network Theory of Power 之后,网络权力理论最终成为独立的理论被提出,权力和网络之间的联系更加具体和深入。

卡斯特对权力和网络的分析还有一个问题我们需要注意,他理论中对网络权力四种类型分析的框架表面看似都是一样的,但若详加考察的话,其分析着眼点则是各有区别。具体而言,体现宏观网络和具体传播网络对象的区别,卡斯特在《传播权力》一书中提出类型分析的时候,更着眼于宏观的网络和组织,但在该书的结尾则更加突出了网络权力类型与传播网络的具体勾连。

5.4.1 网络权力的四种结构类型

每种社会类型都有其行使权力和反权力的具体方式。正如工业社会权力主要集中在工厂领域,在网络社会中权力主要借助并通过网络行使,并根据授权者的价值和利益在每个社会活动领域通过多维度的网络编程来施行。问题是通过哪种类型的网络?以及他们在网络构建中如何操作?2009 年卡斯特才第一次对网络中权力的形式进行系统分类,把权力形式释义为权力施行的具体方式:网络中每一种权力的类型,代表一个权力行使的具体过程,同时又和整体的权力结构紧密联系,这种分析实际上深深打上了结构主义的烙印。本书针对卡斯特的分类来详细分析。

1. 网络准入权

卡斯特在新权力结构中提出的第一种权力是网络准入权(Networking Power),具体定义为"在构成全球网络社会核心的网络之中的行动者和组织的权力,这个权力凌驾于不被包含(或排除)在这些全球网络中的个人和集体之上的"[①],这种权力施行有包含和排除两种方式,卡斯特在后来论述中,将二者合并成"网络排斥的逻辑",更准确地说,网络准入权是通过社会行动体的网络把

---

① Castells M. Communication Power[M]. New York: Oxford University Press, 2009: 43.

关来实现的。在这里,卡斯特主要采用的是著名政治传播学家卡琳娜·芭兹莱-纳昂(Karine Barzilai-Nahon)的网络把关理论作为分析工具①。对此,我们需要强调以下几点:

首先,网络排斥是网络自身的功能逻辑,早在卡斯特提出网络社会理论网络概念的时候,就已经一并提出"如果网络中的一个节点停止发挥其有效动能,它就会被逐步淘汰出网络,并且网络会重新自我安排——就像细胞在生物进程中所做的那样",所有对网络继续生存有用和必需的才被允许进入,所有被认为无用或有害的都会被消除,网络"以一种二元逻辑运转:容纳/排斥"②。而在《传播权力》一书中,卡斯特把排斥机制视为所有网络中常见的权力运用基本形式,在网络世界普遍存在:即容纳全球任何有价值东西的同时也排斥了贬值的地方化的东西③。

其次,卡斯特引用卡琳娜·芭兹莱-纳昂(Karine Barzilai-Nahon)网络把关理论,将网络准入权施行的多种过程精确为网络把关的能力,网络社会中的权力运用是通过社会运行者的网络把关来实现的,社会行动者通过构建一个积累有价值资源的网络获得权力,之后运用把关策略去对那些没有为网络增加价值或损害主导网络程序利益的人设置障碍④。在《传播权力》一书的结论部分,卡斯特更进一步完善了这个过程,提出网络准入权是一种借助在网络入口设置过滤装置使有的媒介或者信息无法进入网络的能力。就网络把关理论而言,展示的是权力与信息之间相互影响的机制,及其与信息控制的逻辑。但卡斯特在这里显然是简化程序,借以探讨把关者包含和排斥的主导过程。网络内的节点对其外在的节点具有结构性的优势。这种结构性的优势获得要么是建立网络,要么是符合网络的主导性利益逻辑。

2. 网络规范权

卡斯特将网络规范权(Network Power)定义为"由协调网络中的社会互动所需标准产生的权力。在这种情况下,权力不是通过排除在网络之外而是通过

---

① Karine B N. Toward a Theory of Network Gatekeeping: A Framework for Exploring Information Control[J]. Journal of the American Information Science and Technology, 2008, 59(9):1-20.
② Castells M. A Network Theory of Power [J]. International Journal of Communication 2011(5):774.
③ Castells M. Communication Power[M]. New York:Oxford University Press,2009:50.
④ Castells M. Communication Power[M]. New York:Oxford University Press,2009:43.

强加包容性规则来行使的"。这与第一种权力迥异,卡斯特将观察视角从网络内外二元对立转入网络内部。网络规范权最好的诠释就是他所引用哈佛大学网络社会学家格拉瓦的观点,后者认为全球化意味着多个相关参与者相互协调,这个协调需要具体标准,卡斯特用传播协议(Protocol)来代替格拉瓦的标准(Standards),并用内部的强制和协商来代替格拉瓦的协调概念。在这里,我们需要强调:

首先,一旦进入网络标准(传播协议)是超越一切的,虽然卡斯特认为网络成员之间的协商来制定协议,但是一旦协议设定,就对其内部所有节点具有强制的力量。这涉及传播协议在网络中的一个通用逻辑,对规则的尊重使网络作为一个传播结构成为可能。在传播学中,存在典型的传播传递观和仪式观,这种信息的格式和仪式的意义都是共同的传播协议或者标准。

其次,网络规范权虽然是网络标准强加于其节点产生的权力,但他最终是服从网络形成源头或建立标准的一组行动者特殊的利益。建立网络或者建立协议均属于卡斯特网络编程范围。

3. 网络内控权

卡斯特将网络内控权(Networked Power)定义为"网络中社会行动者对其他社会行动体的权力"。网络内控权具有高度语境化的特征,其形式和过程是特定于每个网络的。在这里,我们需要关注:网络内控权与卡斯特早期权力的一般结构性定义联系起来,权力是行动体在其嵌入社会组织中的主导结构性能力基础上,将其意愿强加于其他社会行动体身上的关系能力[①]。这里行动体之间的地位是非对称的。卡斯特将权力的一般关系放置在网络内部节点之间,作为节点间权力控制的特殊方式。

同样,网络中的不同节点对于网络的意义是不同的,有些节点地位高于其他节点,卡斯特将这些比较重要的节点称为中心,在网络内部,中心(卡斯特网络概念一开始没有中心,但在后期定义有了一定的修改,中心得到了承认)相对于普通节点的权力就是网络内控权。这代表在相同规则之下行动体之间编程的内部影响。卡斯特提出网络内控权,是要回答在主导网络中谁拥有权力和如

---

① Castells M. Communication Power[M]. New York: Oxford University Press, 2009: 43-44.

何运作的问题。

4. 网络建构权

网络建构权（Network-Making Power）是一种根据编程者的利益和价值编程特定网络的能力，以及在各种网络主要参与者之间的建立战略联盟之后切换不同网络的能力，它是编程和连接双重逻辑的整合。[①] 这是网络社会中最重要的权力类型。卡斯特认为"传统的权力在网络社会并不管用。但新的统治和决策形式在不顾人们的意愿而塑造其生活方面发挥着关键作用。所以，虽然有新的形式和新的行动者，但是权力关系仍发挥作用。最重要的权力行使遵循网络建构权的逻辑"。它是由编程者和转换者行使："编程权力""构成网络和编程/重新编程分配该网络目标"的能力；"转换权力"则是"转换并保证不同网络通过共享目标和整合资源的合作，同时通过建立战略合作抵御来自其他网络的竞争"。网络建构权回答了网络社会中谁建构或者谁拥有权力的问题，也回答了谁掌握了网络中最高权力的问题，也就是"元编程"。在这里，我们需要强调：

首先，编程和转换作用范围问题。卡斯特在网络建构权中细分了编程和转换两种权力形式，每种形式又定义了各自的行动者：编程者和转换者，这两种元素的提出实际上是在提出网络四种具体权力类型之前（2004年），其作用范围前后有变化。在2004年《网络社会：跨文化的视角》的分析中，卡斯特（重拾了其在"三部曲"中戛然而止的网络社会中权力问题）为了回答网络中权力在哪里的问题，提出两种权力类型区分：排除在网络之外的权力（权力运作受排除/包含逻辑的掌控）和网络中的权力[②]。网络中的权力是以编程和转换的机制被具体阐述，可见，这与其后期《传播权力》（2009年）著作中所阐述的编程和转换的作用范围迥异，二者最初是作为网络中权力整体得到反映，但在2009年卡斯特具体定义四种权力形式的时候，网络中的权力则从整体网络具体细化为某个节点，在网络权力形式中做结构性分析。2004年左右，网络中的权力主要涉及的是其在社会结构中的位置。到2008年就具体化为编程者或者转换者及这些行动者或行动者网络，因为它们在组织社会战略网络中的结构位置，所以在网络

---

① Castells M. A Network Theory of Power [J]. International Journal of Communication，2011(5)：773.

② 曼纽尔·卡斯特. 网络社会：跨文化的视角[M]. 周凯，译. 北京：社会科学文献出版社，2009：38-39.

社会中行使着权力。然后在2009年的分析中则具体固定为网络建构权的运行,这就更为精确,在此时卡斯特用位置概念来定义编程和转换,体现了其权力理论的结构主义视角。

其次,所谓编程权力是构成网络的能力以及根据网络分配的目标而为网络编程/再编程的能力,编程权力具有创造性,因为一旦编程,网络运行就会更加高效,也将会在结构和节点方面通过自我重新配置来实现目标。所以在2008年分析默多克个案的时候,卡斯特就认为由信息和传播技术推进的全球和区域网络是高效的机器①。编程和信息传播技术之间有密切联系。对具体网络的编程,不同类型的参与者如何完成网络编程都是一个具体过程,也是具体目标。但这些网络都具有一个共同点:"思想、观点、计划和框架产生程序"②。这些都是文化的素材。编程作为一种文化表达方式,通常是被加入传播过程中,文化体现在传播发展过程中,尤其是在超文本中,而且是以全球商业多媒体网络和互联网为中心。所以,对卡斯特而言,编程是一种文化产品,受传播和技术影响。对编程,我们还需要注意,卡斯特认为任何一个网络都是许多编程者,虽然编程网络的能力有等级区分,但是编程者们是以整体的形式来决定网络运行的,也就是,编程者自身形成了一个网络——一个进行决策和管理的网络。

关于编程,我们最后需要关注的是"元编程"这个概念,卡斯特在《传播权力》一书中以特别的方式将其提出,但是以卡斯特研究方法的一贯作风,并没有对编程和元编程做出详细区分,也未定义其具体范畴,只是为了在编程网络时候有效,提到程序时需要在一个元程序中相互支持③。

卡斯特将元编程与某些共同范围联系起来,这些共同范围可能与全球网络的共同利益有关,然后直接将其与全球文化联系起来。它的使命是加入文化标识,而不是取代他们,对卡斯特而言,这将是一个能够建构具体文化特性的讨论。

在组织和机构层面,卡斯特认为,网络管理是根据网络之外的人所设计的元程序下运行的,元程序是由网络之外的其他人设计的,这谜一样的"其他人

---

① Castells M. Switching Power: Rupert Murdoch and the Global Business of Media Politics[M]. International Sociology,2008,23(4):488-513.
② 曼纽尔·卡斯特. 网络社会:跨文化的视角[M]. 周凯,译. 北京:社会科学文献出版社,2009:46.
③ 曼纽尔·卡斯特. 网络社会:跨文化的视角[M]. 周凯,译. 北京:社会科学文献出版社,2009:48-52.

员",是网络建构权的主体,也是最具决定性的权力形式。而在另一个场合,卡斯特将元程序认为是公司网络体系,最主要是多媒体企业网络所拥有的能力。在政治环境中,卡斯特指出元程序是信息的生产者,政治行为者将不同的利益来实现最大化的自主,同时增加政治权力的选择,之后一旦大权在握,就会负责政治进程和政策设计。可见,元程序超越了程序的概念并包括后者。综合观之,卡斯特把元程序的能力等同于创造网络的权力,但这个范围和内涵又是离散的和开放的,只有在卡斯特例证的时候,研究者才能观察到。

最后,转换权(Switch)是"通过共享目标和整合资源而转换和确保不同网络合作,同时抵御来自合作战略所组成的其他网络竞争的能力"。其行使者为"转换者(Switchers)",随后卡斯特又补充了另外一个转换定义,将其理解为"基于一种能够转换社会运行程序的方式的特殊界面系统,以计算机语言来隐喻技术,描述二者之间的互动"。

在这里,我们要强调,同程序员一样转换者也不是个人,而是由人组成的行动者网络,在网络动力界面中相互作用,具体运行于每个转换进程。"控制网络之间的关系至关重要,它们的特点是持续、灵活的互动",转换者通过游走和切换不同的网络对不同的战略网络之间的转换点进行控制。

转换权力不是从特殊领域,而是从网络的多样性中展开的,代表着社会的不同方面。卡斯特自 2008 年后先后研究了政治精英关系网络、媒体网络、科学技术网络以及军事和安全网络在所谓地缘政治策略上的转换等,默多克案例就是转换媒体政治和经济网络的极佳案例。卡斯特声称,权力在任何时候都不依赖国家权力,重要的是转换的多点控制,这体现了其自网络社会思想提出以来一贯的反国家主义观点——民族国家权力已经降为全球工具网络中一个节点。

第三,转换服从编程,卡斯特认为,"转换权力是一种强大的编程权力,因此是第二位的,转换的不同取决于网络项目运行与权力转换的程序特点"[①]。转换权力最终是服务编程网络。编程是权力的第一位来源,转换则是第二位的。应该说,卡斯特对网络社会中的权力类型的区分是比较新颖的,虽然把关、内部控制等权力类型在以往的时代都已存在,但卡斯特能够将它们归结起来,并以网络为其命名,在网络中对它们进行了重新定义,这本身就是在理论上的巨大

---

① 曼纽尔·卡斯特.网络社会:跨文化的视角[M].周凯,译.北京:社会科学文献出版社,2009.46-48.

创新。本书后面将会提到卡斯特极为关注的政治选举、政治权力运行等问题，都是在这几种网络社会权力的基础上具体展开的。人们可以在企业网络、金融网络、文化工业网络、技术网络和政治网络的交流中去找寻，考察它们在全球网络和地方空间中的运作，在思维框架网络中识别这些条条框框。

5.4.2 网络权力类型与传播网络

卡斯特在《传播权力》第1章归纳了网络权力的四种类型，体现了传播权力的概念框架，但并没有系统地在整个作品中展开，在该书第3章之后卡斯特都是围绕具体传播（媒）网络（Communication Network）为核心进行的案例研究，在该书结论部分，卡斯特更是对网络权力的类型进行分析，明确收缩到传播网络范围，在这个过程中卡斯特对"传播网络"概念更加明确，同时运用权力的具体分类方法来研究传播网络。权力和传播网络之间系统关系在《传播权力》结尾部分得到进一步具体发展，传播、网络和权力之间关系在分析的过程中，更加具体和深化。

1. 卡斯特对传播网络理解

网络概念，在本书第3章论述卡斯特网络观的部分已大致解决，但与传播最密切的"传播网络"，则没有特别明确的解释。

卡斯特对"传播网络"的定义在2004年至2009年后逐渐明确。卡斯特曾将网络概念隐喻为"资本主义社会和文化的主导形式的结构和体现"，在这之后则在具体层面上来使用，这使得"传播网络"的概念从卡斯特理论中凸显出来，传播与权力的关系更加明确。

纵观卡斯特前后研究历程中对传播网络概念的定义和使用，可以看出，其传播网络的概念有两层含义，即作为相互作用的一般模式和作为特定网络的表达——媒体的传播网络，这在具体实证研究语境中很容易区分。而互联网作为传播网络作用更加突出。在卡斯特的思想中，互联网是一个全球传播网络，一个特定的传播网络，一个发展交互和传播网络的必要手段，也是一个传媒网[1]。我们认为这种关于互联网的具体界定打开了技术视角的大门，也可能是体现了

---

[1] Castells M. The New Public Sphere: Global Civil Society[J]. Communication Networks, and Global Governance. Annals,2008:79.

传播网络的技术决定论。

2. 网络权力形式与传播网络

在《传播权力》一书的结尾处,卡斯特以传播网络的中心完成了传播权力的建构,他认为,全球化的当代进程和网络社会的诞生都依赖能够创建或摧毁信心的并且能够处理知识和观念的传播网络,它是权力的决定性来源。对卡斯特来说,处理意义建构的传播网络是权力的基础[①]。建构和处理意义的过程等同于处理知识和观念,这两个表达被认为是在心灵上的影响过程(而不是在心灵中)。因此卡斯特毫不犹豫地指出,象征性的操作过程表达了权力建构过程的主要方面。正如我们以上看到的,在相似的文本中,他补充道,不同参与者借助传播网络的意义建构是来源于政治权力[②]。在卡斯特看来,网络主要是(但不仅仅是)以通过大众传播的多媒体网络影响人们思想的方式来行使权力的。因此,他认为传播网络是社会中的权力建构的关键网络,或是以反权力和权力建构的关键网络。在此,权力建构的过程需要基于更加具体的理解之上,卡斯特运用网络权力具体形式的模型来分析传播网络。

(1) 网络准入权与传播网络。对于卡斯特而言,在传播网络范围内,网络准入权具体是指"对想要进入这个网络的手段和信息所进行的'把关'(Gate-Keeping)"。通过信息把关过程,网络准入权取决于多大能力让媒体或信息进入网络中。那些掌管每个传播网络运营的人就是把关人,所以他们通过拦截或准许向网络传递媒体信息施加网络准入权,卡斯特称之为把关节点和把关信息。[③] 但是,最受欢迎的信息网站仍然是那些主流媒体,因为它们在信源上具有品牌效应,而且政府主导网络、企业业务上的需求会让电信网络处于他们私人的"围墙花园"中,从而保证把关人手中网络权力的持久性。卡斯特最后指出,政府对互联网的控制以及私人企业关闭传播网络的目的都说明了把关者拥有网络准入权。

卡斯特倾向于认为把关能力属于政府和企业,另外承认国家和私人企业具有网络排除权。但大众自传播的兴起却深刻地改变了大众传播编程者的把关

[①] Castells M. Communication Power[M]. New York: Oxford University Press, 2009: 421.
[②] Castells M. Communication Power[M]. New York: Oxford University Press, 2009: 430.
[③] Castells M. Communication Power[M]. New York: Oxford University Press, 2009: 418.

能力,进入互联网就能进入整个世界,因此在互联网社会化的进程中,权力得以再分配。

(2) 网络规范权与传播网络。卡斯特在《传播权力》第 1 章提出,多媒体传播网络会相互联手对他们所传达的信息施加网络规范权,因为信息必须符合传播协议(Protocol)(或 Standard,Grewal,2008),其体现在网络的结构和管理上,虽说标准化的大众传播形式或能通过对信息的格式化对人的思维进行塑造(如信息娱乐片中的新闻),但在大众自传播世界里,格式多样化是规则。因此,很明显,作为网络规范权力源头的标准(或者协议)在减少。但在另一方面因为数字化是作为传播协议而进行的,一切都皆可数字化,因此抑制信息的标准不会出现。但会出现相反的后果——数字化会扩大信息的散播不受任何人控制。这种影响尤甚。在这方面,卡斯特最后说道:"数字化下的信息无疑通过全球传播网络如病毒般地扩散,若你想传播信息这是非常可取的做法,可若你不想,这就会是毁灭性的(如一个记录你罪行的视频信息),在这种情况下,由数字网络所施加的网络规范权就有了新形式:对信息扩散的移除。"这与传统大众媒体的网络权力刚好相反,以前媒体会根据媒体集团的策略重新组织以适应特定的受众人群。

多媒体传播网络会相互联手对他们所传达的信息施加网络规范权,因为信息必须符合传播协议(或 Grewal 的标准/协议),其体现在网络的结构和管理上。同时,卡斯特指出,虽然标准化的大众传播形式可以通过信息的格式塑造思想(例如,新闻作为信息)。因此,卡斯特说,显然这些标准作为网络权力的源泉已进入第二个层面。卡斯特认为,在这点上,数字化体现了权力极其强大的新形式:通过全球传播网络的病毒般传播的能力。虽然病毒传播的概念不是卡斯特提出的且他也没有赋予新的意义,但完美地契合了卡斯特想象的(或许是理想的)新权力。

(3) 网络内控权与传播网络。对于这个特定形式,卡斯特只提到网络内控权在传播网络中指的是那些拥有或操作多媒体传播网络的组织的议题设定、管理层和编辑的决策权[1]。这表明网络内控权是纳入传播网络中的一般权力:一个行动者(节点)对另一个实施意志的过程。我们将面对一个能在传播网络中

---

[1] Castells M. Communication Power[M]. New York: Oxford University Press, 2009: 418-419.

推行议程、发布言论和管理的权力形式。在 Communication Power 一书第 3 章和第 4 章中,卡斯特运用大量实证数据分析了传媒集团多层次决策结构,也集中关注了政治信息处理,阐述新闻生产中决策者们之间复杂网络的作用(设定传播日程的社会行动者,如政府或社会精英;传播网络的拥有人和赞助商,一般通过广告公司作为中间人、经理们、编辑们、记者们和越来越互动的用户)。

(4) 网络建构权(编程)与传播网络。网络建构权是指创建和设计一个网络的能力。在这种情况下相当于编程的权力,卡斯特之前主要是围绕着编程概念进行界定,而在传播网络中编程权力则主要围绕传播媒介的属性展开。

编程者在各个层次上施加权力,但每个网络里有许多的编程者。虽然编程网络人员的功能和层次复杂,但正是这些程序员的共同合作使得网络得以运行。程序员也构成一个网络——一个在网络上构建和管理程序的决策网络,其权力体现是非常明确的:就是要确保网络目标的实现,首要任务就是要吸引受众,不管有没有其他目标的存在,如利润最大化、影响最大化等。

卡斯特同样提出了元程序的问题。传播网络的网络化管理是在元程序的条件下运行的,元程序是网络外的其他人员设计的。这谜一般的"其他人员"是最有决定性权力形式的主体:握在一小撮传媒集团的代理人及合作伙伴手里。但这些集团公司是在多种文化和体制环境下采取多种模式运营的多重媒体属性的网络中形成的。多媒体集团公司与各种来源的资本投资者交织在一起,包括资本机构、主权基金、私人股权投资公司、风险基金和其他基金等。但高度个人决策能力是特殊情况,正如卡斯特的个案分析所示——默多克也依赖各种渠道来源的网络建构权,传播成为产生和支持编程计划方案的核心场所,他们也是那些最终拥有决定传播内容和格式的人物,所依据的格式能够使网络有效完成既定目标:获取利润,构建权力,生产文化或者将所有的目标依次进行并实现[①]。

---

① Castells M. Communication Power[M]. New York:Oxford University Press,2009:420-424.

第6章 卡斯特传播思想评价及启示

6.1 卡斯特传播思想主要贡献与局限

6.1.1 主要贡献

作为当代重要的社会理论家和社会趋势的探索者,卡斯特的研究范式在过去60年过程中发生了6次变化[①],涉及城市社会学、城市社会运动、信息化城市、网络社会技术与经济、传播权力和网络社会运动。

卡斯特著作广泛,据本书不完全统计,卡斯特目前独著24本(截至2017年,未包含再版图书),作为主要作者10本,共同编著14本,著作总数将近50[②],还不包括其他小语种、多次再版和翻译成数十个国家语言的著作。

这使得卡斯特成为作品在全球被引用较多的学者之一。他的研究广博且具有创见,被认为是当代国际社会学和传播学建构过程中的关键人物,他的理论和视角为我们更好地理解当今世界具有重要的启发意义。

传播及相关领域在卡斯特早年的研究中只是一笔带过,他后期直接从事传播研究的时间也只有不到20年(若以他接受南加州大学传播学院教职算起,则

---

① Castells M. A Sociology of Power: My Intellectual Journey[J]. Annual Review of Sociology, 2016, 42 (1):1.
② 该统计来源于西班牙电信赞助的卡斯特著述官网(http://www.manuelcastells.info/en/curriculum-vitae)及亚马逊最新的出版信息。

仅仅10年有余)。即使这样,在目前国际传播学课堂中,卡斯特的影响无处不在。在中国,近年来的新闻传播期刊发文、学术会议和论坛上,卡斯特理论也不断被提及和引用。

卡斯特的传播研究涉及范围很广,有媒介研究、媒介文化研究、媒介政治经济甚至政治传播研究,这显示出卡斯特对传播、文化和权力研究的雄心,也与卡斯特跨学科研究的理念分不开。他最初的学习和研究,本书已详细梳理和阐述:他从经济与法律开始,之后通过社会学、政治学、人文学科到如今转向传播领域。卡斯特自己也明确指出:"当有些事情对我很重要,而我却不能理解,我就会成为这一领域的专家,只为学习"。或许这就是他成为21世纪初享有盛誉社会科学家的原因。

1. 卡斯特开辟了网络社会研究的新领域、拓宽了传播学研究版图

卡斯特提出网络社会理论,网络社会是(30年前的现实)超越过去历史的全新社会形态,它描述并记录20世纪最后20年经济、社会、政治的变化,并提出了所谓"网络社会"这一术语。并将根植于美国的媒介效果研究与来自欧洲传统的政治经济学融合到这一新领域当中。

网络社会理论主要关注社会政治和经济组织广泛的"结构"变迁。卡斯特(2000)论述网络社会的经济主要是一个依赖于新信息处理和传播技术的全球信息经济;技术创新促进了经济的转变,使得经济变得信息化、全球化;经济过程包括生产、流通、消费及其要素(如资本、劳动力、原材料)均在全球范围内被组织起来,而这一系列发展也越来越依赖信息和科技要素,以提高生产力和竞争力。

网络社会理论是在全球化中理解社会备受期待的结构框架。毫无疑问,在卡斯特提出网络社会理论之前,网络在经济和社会中就一再被强调,但没有一位像卡斯特这样将网络作为对资本主义体系分析的基本范畴,这在很大程度上影响了社会科学领域对网络概念的广泛接受。

卡斯特网络社会研究的目标是理解社会变革和描述当前围绕网络所形成的新社会形态;但在其研究生涯的中后期(20世纪90年代之后),他发现信息传播技术导致的媒介变革和传播格局,在当前全球网络社会中越来越重要,于是其理论逐渐转向以传播(媒介)为中心的分析,在全球网络社会现实中和网络

2. 卡斯特独特的实证方法论,跨学科研究的典范

卡斯特的工作主要在于将现有的理论与实证和观察结果进行综合。其网络社会理论和传播思想是连接不同学科、在不同层次运作的理论。卡斯特理论的巨大价值是其全面性和作为一个宏大社会理论的启发意义。

首先,卡斯特对传播的分析是基于跨学科的。

卡斯特传播研究涉及范围很广,涉及媒介研究、媒体政治经济、文化研究这显示他对传播研究的雄心。他说"我不赞同一些(单一)的学科,包括社会学、经济学、人类学,因为我相信世界是一个复合体,只能以跨学科的方式来解读。"虽然这种表述可能会有一定问题,因为即使是跨学科,加诸于每个学科的区别是必要的,可见他对跨学科的尊崇。

本书在导论部分已阐述他的学习和研究概况。卡斯特自己指出:"当有些事情对我很重要,而我却不能理解,我就会成为这一领域的专家,只为学习。"胡翼青教授也直言,卡斯特在传播理论创新层面,其实并未做出太大的创新,其最核心的亮点就是跨学科的综合分析[①]。

卡斯特主张同实践接触的经验主义,他不赞成学者们基于预先建立的模型而对事物进行抽象表达。就如他公开所述的那样,其方法论的立场是:"任何解释和分析要想具有科学性,就必须基于数据和对现象的观察来解释和分析,而非仅仅是对理论和模型进行解释和分析"。

其工作主要在于将现有的理论与实证结果和观察结果进行综合,这意味着卡斯特所有研究工作必须有实证基础,"任何实证研究需要的理论工具和假设";卡斯特将自己在法国受到的训练与美国实证传统结合,采取一种"折中的分析方法",即"整合二手材料,统计分析,调查研究、民族志和深入访谈"。后两个方法,在卡斯特眼里是研究者最重要的方法。卡斯特在许多不同的背景中做了(数百个)的访谈,他认为"知识的建构是一项任务,其始于观察、脚踏实地的数据收集,使数据服从于数据方法学,然后再进行知识的再构建而准备一个合

---

① 胡翼青,西方传播学术史手册[M].北京:北京大学出版社,2015:222.

理的陈述,但并非仅仅一个陈述,而是给观察到的现实一个合理的陈述"①。

在"信息时代三部曲"中,卡斯特研究了从劳动结构变化、工业和技术到家庭模式转变、国家和政治以及全球犯罪经济的出现,"亚洲四小虎"经济崛起和南北"贫民窟区"以及"第四世界"。他基于对世界不同地区这些发展情况,例如对互联网连接、女性劳动模式、生育率、收入分配和监禁率等大量统计数据进行了分析,卡斯特"信息时代三部曲"遵循社会科学基本的实证主义和现实主义研究逻辑,这是基于对"数据"使用科学的方法。实质上,卡斯特的网络社会理论即是在实证基础上提出的一个关于世界如何在第二个千禧年末期变迁的宏大叙事。

在《传播权力》一书中,卡斯特采用大量统计数据和图表,对媒介工业系统进行了系统翔实的分析,刻画了时代华纳(Time Warner)、迪斯尼(Disney)、新闻集团(News Corp)等西方多媒体商业网络,有卡塔尔半岛电视台(Al Jazeera)、印度"宝莱坞"(Bolly wood)、尼日利亚"尼莱坞"(Nvlly wood)等其他网络领衔的媒体群英谱。卡斯特在此基础上描述全球媒介产业生态及其变革,但并没有止于描绘,而是深入分析,给我们提供了信息时代情境下文化变迁的类型学分范例,并将其与媒介传播网络做了合理联系和诠释。因此,卡斯特强调根据经验观察的必要性,因为这将精确变成可能,因为"你说的事必须同你观察到的事相关"。

在最新对 2009—2015 年"新网络社会运动"的研究中,卡斯特对从突尼斯引燃的阿拉伯世界的社交媒体革命,到美国占领华尔街、冰岛厨具革命等十几个国家的个案进行了详细的民族志研究,整个分析基于对这些运动的观察和描述。在研究中,他大量使用直接观察到的信息,一再重申自己研究的目的是"通过观察,提出一些关于网络化社会运动的本质与展望的假设,并希望找到辨别我们这个时代的社会变化的新路径,并激发对于以上假设的实际(最后归结于政治)内涵的讨论"①。

其次,卡斯特推崇跨文化的多元分析。

卡斯特的方法是经典的宏观社会学方法,其主要目的是建立一个"信息时

---

① Castells M. A Sociology of Power: My Intellectual Journey[J]. Annual Review of Sociology,2016,42(1):3-4.

代的经济与社会跨文化理论",他收集和分析的广泛经验"数据"用于探索,用卡斯特自己的话就是"约束(Constrain)理论论证"②。从城市社会学起,卡斯特的研究就是在诸多不同文化和体制背景下进行:一方面,他"不相信也不满足于仅仅起源于理论构建时的一个给定的文化和体制边界和从来没有测试和纠正超越这边界";另一方面,他要努力规避自己已经观察到的支配大多数社会科学家的民族中心主义,因此,他尝试建立在理解人类多样性基础上的一般理论,并在实证的基础上在不同语境中应用。卡斯特利用其个人和学术工作的流动性(前期多是被迫流亡,中后期多是其研究需要在不同的语境),做了很多研究,按时间先后顺序,卡斯特著作主要提到"法国、拉丁美洲、西班牙、加利福尼亚州、亚洲太平洋、苏联、加泰罗尼亚、芬兰和欧洲联盟大部分"。据统计,除了上述国家和地区外,还包括"Italy, Quebec, Chile, Mexico, Nicaragua, Singapore, South Korea, China, Japan, Russia"等。① 因此,卡斯特在其学术自传中强调"多样性对我的分析框架建构产生了决定性影响,我试着去改造他去适应观察我从事的每个领域"。所以,卡斯特的网络社会理论中不仅有对信息资本主义的社会主导形态的描述,也观察了苏联解体的信息社会原因,在"信息时代三部曲"最后一部"千年终结"中,他更是对各个国家和民族的认同进行了实证分析。除此之外,卡斯特还主导了《网络社会:跨文化的视角》一书的跨文化研究,该书跨文化的视角体现在不同国家文化和机构环境的对比当中。书中涉及芬兰社会主义模式、美国自由主义模式、中国模式、俄罗斯的模式、英国传统模式中因特网的发展情况介绍,重点讨论全世界范围内网络社会中制度多样性和文化多样性②。正如这本书开篇所提到的,其目的就是要"在多样化文化和制度环境中提出一个调查多种主题的方法,引发各国对其进行具体研究,逐渐勾勒出新型网络社会中人类跨文化的蓝图"②。后续的《移动网络社会》和《传播权力》著作也均带有这样的特征。

3. 卡斯特将社会学和传播学在实证基础上结合,提出独特的传播权力理论

大卫·赫斯蒙德夫(David Hesmondhalgh)提出一个疑问:"媒介研究的

---

① Castells M. Curriculum vitae[EB/OL]. http://www.manuelcastells.info/en/curriculum-vitae.
② 卡斯特. 网络社会:跨文化的视角[M]. 周凯,译. 北京:社会科学文献出版社,2004:53.

国际杂志充满了诸如哈贝马斯、鲍德里亚、福柯和卡斯特……吉登斯等人的名字,这些人是理所当然的社会学家。但这里有个问题,这些理论是以何种方式迁移、融入媒介理论和媒介研究中的?"。这里所提及的其他社会学家的传播思想大多已被学者深入阐述,卡斯特则属被忽略的一位,而卡斯特通过网络社会的媒介中心作用分析和传播权力理论建构,初步回答了大卫·赫斯蒙德夫(David Hesmondhalgh)提出的这个问题。虽然媒介和传播并不是一开始就在卡斯特理论中占有重要地位,但后期,卡斯特在论述中提供了一个理解网络社会中媒介变迁的技术视角及传播对权力建构和实行决定性作用的视角,将其网络社会理论、权力及相关的传播研究勾连起来,从某种意义而言,卡斯特自身对传播理论的创新并无新颖之处,但其将各种现有的理论与实证和观察结果进行综合,将社会学和传播学理论结合起来,将网络社会理论和媒介分析、文化研究结合,将传播与权力结合衍生出对全球化时代传播所出现的新问题和新现象的分析,这种综合何尝不是最大的创新,且启发性更大,其在宏观领域对人们的理论启蒙,与那些在具体细微处精细的统计和设计所带来的影响,有过之而不及。这也是其著作和思想的里程碑意义所在。

首先,其网络社会理论本质上即是一个强调媒介(信息与传播技术)决定社会关键作用的假设。在这里,卡斯特完全认同英尼斯和麦克卢汉,认为传播技术影响到社会、空间和时间等基本维度,决定了一个新的社会形态的出现——网络社会的崛起;资本主义改革作为时代变迁的驱动与传播技术的发展紧密联系在一起。而传播技术又与文化和社会行为有着相互作用的关系。卡斯特非常重视这些由传播媒介革命带来的变化:"一个在全球范围有影响力的新电子传播体系的产生,它能集成所有传播媒介并且有着潜在的交互性,将会永远改变我们的文化"。卡斯特引用反映当前社会和文化趋势和实践的经验证据,展示了真实虚拟作为网络社会的文化,改变我们对空间和时间的理解。

其次,传播权力理论是卡斯特在对信息传播技术变革导致网络社会崛起的基础上,提出理解权力在网络社会中的新方法,即"权力在网络社会是传播权力",传播(网络)对权力的建构和实行具有核心意义。并通过揭示存在我们头脑中微观权力框架机制挑战了对权力机制的传统认识。

网络社会的理论在两个层面受到传播影响:广泛横向组织和构造社会形态与微观的认知水平决定了人们的态度和行为。然而,媒体作为技术、内容和框架并不能独立决定社会政治后果,因为这些是由多种因素,如政策、行业的反应、文化价值观和信念以及(某些)个人的人格轨迹决定的运作。此外,因全球传播格局和传媒产业变革,媒体作为产业不再保持对传播生产的垄断,增加了新传播系统的整体复杂性。

4. 卡斯特传播思想中结构主义贡献

结构主义是20世纪60年代首先在法国产生的一股思潮,更确切地说是一种分析和研究问题的方法。结构主义诞生于语言学和逻辑学领域;20世纪50年代,以索绪尔创立的结构主义语言学为标志,之后列维施特劳斯创立结构主义人类学、结构主义得到极大发展,被广泛应用于人文社会科学研究的各个领域。结构主义渗透进众多学科,如心理学、文学、人类学、语言学和社会学等都有自己的结构主义理论。但实际上,虽然贴着结构主义标签,各学科理论之间存在明显的差别,但透过各式各样的结构主义理论,仍可以发现它们之间存在一些共同特征:① 深受自然科学研究方法的影响,强调对事物进行客观结构的分析,坚持从事物自身寻求对事物的解释,尽量避免外来因素和研究者主观因素的介入;② 强调研究事物之间的关系而不研究事物本身,认为事物的本质不在于组成事物的各要素自己的特征,而在于各要素间关系的模式;③ 坚持把研究对象看作一个符号系统,使之符号化、模型化。它所关心的是组成一个系统的各种符号间的排列形式,对符号所表达的具体内容并不重视,从而使它具有较高的概括性和抽象性。①

卡斯特早期受阿尔都塞(Louis Pierre Althusser)的影响,坚持用结构马克思主义来研究城市社会学,将城市看作一个拥有主导结构的复杂系统,并与之和广泛的社会结构结合,建立了复杂系统的全球分析模型。但是阿尔都塞的理论侧重于哲学方面和上层建筑方面,而直接论述当代资本主义社会的政治、经济和文化问题的方面比较少。最初讨论网络社会的时候,卡斯特遇到了困难,但是其后卡斯特通过对阿尔都塞结构马克思主义和吉登斯结构化理论吸收,完成了网络社会理论的超越。卡斯特则从经济、政治、文化(乃至经验和权力)等"结构方面"去探讨信息技术尤其是网络技术所带来的社会结构变迁与当代社

---

① Castells M. A Sociology of Power: My Intellectual Journey[J]. Annual Review of Sociology,2016,42(1):17.

会系统之重塑,他所使用的主要理论概念,如生产方式和发展方式等,都是从阿尔都塞的结构主义方法和马克思著作的理论框架中引申过来的。关于吉登斯,他在学术自传中不无感激地说:"在一般社会理论方面,对我工作另一个重要的影响来自安东尼·吉登斯(Anthony Giddens)和他的结构化理论。他的理论帮助我理解一个新社会结构的形成过程中社会结构和社会机构之间的相互作用。这是社会理论的一个关键问题,这个问题在我的分析中一直是个障碍,使我经常在结构主义和主观主义间摇摆。在吉登斯的影响下,通过强调传播技术和网络社会实践,我后期的工作取得了一些进展。我终于可以用吉登斯的方法来解决我的理论问题。他如同上帝般专注于凡世问题,我将永远受益于他的知识遗产。"[1]

在进行网络社会研究的时候,虽然卡斯特从广泛的角度讨论了社会世界,但他并不打算从一般社会学理论观点对社会成分的叙述。也就是说,他不会提出一个分析社会行为、社会过程、社会结构和抽象文化层面的"宏观理论"(这与马克思主义的历史唯物主义,帕森斯的社会行动理论或吉登斯的结构化理论迥异)。卡斯特避开这个理论脉络,专注于针对社会变革的"探索性理论(Exploratory Theory)",从一般社会学理论借用基本的概念并提供了关于"什么元素构成社会结构基础"的讨论,这构成其网络社会整体"时代诊断"的基石。网络社会理论的核心是以"流动空间"和"无时间时间"为基础,卡斯特在这里延续了空间的结构主义观点:"空间不是社会的反映,而是社会的表达,(流动)空间形式与过程是由整个社会结构的动态所塑造,而网络社会核心即流动空间网络逻辑的表达"。

根据卡斯特的网络观,权力关系在很大程度上取决于传播结构。卡斯特展示了的网络权力的多种形式:它既是将权力投射到现有网络的能力,又是构建新网络的能力。卡斯特在后期推动其权力理论的结构主义以及传播的逻辑起协同作用。权力在《网络社会:跨文化视角》这本论文集中,被直接定义为"结构关系",后来又修正为"关系性能力",在网络中,多层次权力形式分类中,卡斯特所持的也是权力在网络中位置的结构主义概念。此后,卡斯特将权力不同结构形式释义为权力的行使:权力的每一种形式都被释义为权力行使的具体过程。

---

[1] Castells M. A Sociology of Power: My Intellectual Journey[J]. Annual Review of Sociology,2016,42(1):17.

但分析每一种具体的权力形式不能忽略其与整体之间的关系这一视角。

5. 学术话语与普及的贡献

张五常解释其做博士论文(即著名的《佃农理论》)的时候,主张用简单理论解释复杂的现象,他认为"高深莫测的文章可以有学报发表,但不会有持久被人重视的市场"[1]。卡斯特的学术风格就属于张五常所述范畴,当前人们阅读网络社会,大多是从《网络社会的崛起》开始。卡斯特中后期作品大多通俗易懂,没有如福柯及后现代主义那样的理论花招,他既反对后现代的虚夸,主张以数据论现实,又反对未来学毫无根基的天马行空。马杰伟曾盛赞卡斯特文风,"《传播权力》相比他 1996 到 1998 年出版的"信息时代三部曲",逻辑更清晰,……而卡斯特文风宛若邻家,甚至比吉登斯行文更无华。"[2]这让阅读卡斯特的人,哪怕是近千页的"信息时代三部曲"都不会感到有多大的困难,也使卡斯特在学术圈之外拥有大量的粉丝。

另一方面,卡斯特总能捕捉研究的前沿热点。这与其激进情怀和学术经历紧密相关。卡斯特思想深深烙上了个人学术经历的烙印,在西班牙早期学习时,就是一个左翼的激进分子。在法国待了将近 10 年,参与了法国的"五月风暴",完成了学术的训练。其学术成熟期,卡斯特面对大洋彼岸风起云涌的技术创新风潮,走向了世界学术中心美国,直接观察了信息和传播技术与网络社会的兴起过程,在最近的时段,他又针对全球"新网络社会运动"进行了细致研究,其思想是西班牙学术传统、法国的结构主义思辨及美国实证方法的紧密结合。不仅如此,卡斯特还是一个全球化的学者,在过去 60 年几乎走遍了世界,其方法带有全球化和多元文化的特点。

6.1.2 主要局限

不可否认,因为卡斯特研究领域本身过于庞大,加之其方法和理论的独特立场,其传播思想也具有一定的局限性。具体体现在以下几个方面:

---

[1] 张五常.学术上的老人与海[M].北京:社会科学文献出版社,2001:26.
[2] 马杰伟,张潇潇.媒体现代:传播学与社会学的对话[M].上海:复旦大学出版社,2011:242.

1. 可抛弃理论立场的局限

卡斯特在"信息时代三部曲"第 1 卷开篇即阐明其对待理论的态度是"有用得就用,没有用的连讨论都不会讨论,在巴黎人们有为理论而理论的风气,而我的理论'不是写一本关于另一些书的书'(Not a Book about Books),我做的是现实研究"[①]。卡斯特努力强调自己作为一个实证社会学家而不是社会理论家的地位。在讨论其理论与马克思主义的渊源时候,卡斯特甚至坚持认为"理论不应该作为意识形态的宣言,而是作为研究和理解的工具"。在"信息时代三部曲"第 3 卷总结中,卡斯特提出了其方法的讨论,包括认识论和立论基础,他坚持其理论完全独立于任何方法论上不可靠的研究。所以,卡斯特从博士论文开始到"信息时代三部曲",直至《传播权力》这些重要的著作中,都会不厌其烦地提供丰富的实证材料,从全球近百个国家的经济生产率、就业率、网络普及量和婴儿出生率都为了支持其结论,同时极力避免抽象理论讨论和建构。

当卡斯特明确表示避免进行理论深度讨论,他所使用的概念大多随手拈来,即使不得已需要交代来源的时候,也充其量是对概念概述,而不是将概念和理论定位在既有的社会理论上,他更乐于从观察中提炼理论:对卡斯特而言,理论仅仅是一个研究工具,他极力避免将理论主义化,这是一种组织其研究,开放和可修正的理论,简而言之,是一种"可抛弃的理论(Disposable Theory)"[②]。

但过度的简化,不愿交代概念和理论背景,导致其概念和分析在某些程度上的矛盾和费解。譬如就卡斯特对"信息社会"理论构建,尽管是以"信息社会"为核心,构建了"信息主义精神""信息主义发展范式""信息资本主义"概念体系,这些概念和研究是建立在各个国家的巨量统计数据支持之上。虽然他也对贝尔等人后工业社会中的信息理论进行了批判,但缺乏对"信息"概念本身的界定以及该概念"如何生产、物质化和具身化的技术过程分析",仅仅是在《网络社会的崛起》第 17 页和 21 页的两个脚注交代了一下,给读者"留下只言片语来了解其概念的全貌",这显然是令人困惑的。

网络概念也是如此,虽然他对网络概念下了很多功夫,但"网络"仍然是在

[①] 曼纽尔·卡斯特. 网络社会的崛起[M]. 夏铸九,等译. 北京:社会科学文献出版社,2006:22-23.
[②] Castells M. Materials for an Exploratory Theory of the Network Society[J]. British Journal of Sociology,2000,51(1):7.

一个高度抽象的多层次定义,卡斯特对其使用过于随意且不加区别。网络概念过于模糊和随意,这引起了约翰·厄里的不满,他认为"网络"这个概念在卡斯特的著作中承担了太多的理论内容,几乎所有的现象都可以通过单一的,不加区别的"网络棱镜"得以观察[①]。"网络"在宏观角度可以作为社会结构的描述,在中观角度可以作为社会组织、传播网络、企业网络的隐喻,在微观的角度则可以作为神经网络来框架。这给人的总体印象是"卡斯特的组织性网络概念是自我生长的,没有对社会关系经验分析的基础讨论"[②]。所以,约翰·厄里认为,在卡斯特的著作中"世界依然是一个理所当然的事物,因此,并没有一系列必要的理论词汇来分析'网络化'世界的变化特征"[③]。

卡斯特对传播概念的使用更为极端,自"信息时代三部曲"之后,对传播概念的使用,几乎没有单独界定,而是工具性的,在不同分析场景直接引用不同学者的传播概念,据笔者统计,有超过30种不同用法。诸如网络社会分析中"有意识地和有意义的传播是人类的关键特性"就引用了奥地利物理学家卡普拉(F. Capra)的理论,而本身并未区别,该书第5章则是在符号层次直接引用巴特和鲍德里亚的传播概念,也是未进行理论溯源和交代,这种概念使用方式在卡斯特研究中随处可见,因为其概念本身就是具有模糊和随意性。这导致本书在"传播与文化"这一章节对卡斯特传播与文化概念之间关系的梳理始终无法统一。正如梵狄杰克(Jan Van Dijk)所描述的那样,"卡斯特的方法模糊不明,意义和心理都出现在其作品中,很少会给出清晰明了而又切实论证"[④]。卡斯特的分析缺乏对其使用方法和概念的全面回顾,而这些方法为一些复杂问题增加了更多复杂性。

虽然卡斯特极力对其不愿进行理论抽象说明进行辩解,强调自己实证社会学家的地位,而避免自己社会理论家标签,但无论如何,可以确定无疑的是,学界赋予卡斯特的盛名是建立在他对当代社会分析和诸多概念的想象力基础上的,而不是建立在其数据和表格之上的。学者对其数据并不感兴趣,而是大多将其理论与吉登斯、贝克乃至马克思·韦伯等人的理论并置研究和介绍。

---

① Nicholas G, Beer D. New Media: The Key Concepts[M]. New York, Berg Publishers,2008:46,52.
② Felix S. The Network Theory of Manuel Castells[M]. Cambridge: Polity Press,2005:125-126.
③ Nicholas G, Beer D. New Media:The Key Concepts[M]. New York,Berg Publishers,2008:46,52.
④ Dijk J V. Review of Manuel Castells' Communication Power [J]. European Journal of Communication,2009(II):1-4.

卡斯特对理论的态度也造成了卡斯特思想体系的一个致命弱点，就是后世学者对其概念工具的使用无法追本溯源，很难将其概念作为新的理论和研究的生长点，这与福柯、哈贝马斯乃至吉登斯等人的理论有着本质的区别，也造成目前对卡斯特的研究、评述和引用居多，而新的研究乏力的尴尬现实。

2. 过度崇尚实证数据而走向极端

这实际上与上一点紧密相连，卡斯特极为强调经验数据，申明自己"从不为理论而讨论理论"，其认识论上及方法论上立场是观察为首，但在观察者和被观察者的观察过程中并没有回顾过程和批判性反思。他坚持世界是给定的，你只要去观察即可。这种方法来自社会控制的观点（Marcuello，2006）及 Arne Kjellman（2003）的"主题定向方法"，缺乏足够认识论的复杂性。这导致卡斯特对统计数据的极端迷恋，本书前文已经说过，他在巴黎大学的博士论文是关于"在巴黎市区的工业企业的地理位置的影响因素，那是一份对 1500 家公司分析的统计模型"，并且他还指出"没有比这更具体的统计了"；网络社会理论的分析更是全面建立在大量的数据和统计之上。据统计，卡斯特在"信息时代三部曲"中，涉及近 185 个统计数据表格，卡斯特的分析基本是建立在这些数据基础上的[①]。《传播权力》统计数据超过 50 页，占全书体量的十分之一。内容涉及全球排名前 10 位跨国媒体集团产业交叉网络详细数据分析、竞选政治的统计，小到公民认同、媒体丑闻的调查研究乃至伊拉克战争中媒体框架的个案数据，覆盖面非常之广。

卡斯特虽然也努力利用诸如"三角交叉检视法"对资料进行可信度整理，尽量确保结论的有效性。但如此巨量且几乎涉及全球的统计、表格和数据，在资料来源和有效性上如何能完全保证其科学性，卡斯特似乎进入了一个死胡同。从"信息时代三部曲"到《传播权力》中卡斯特的很多数据来源都是成问题的。在这些作品中卡斯特汇总了巨量的数据和统计表格，却极少对不同国家之间比较及对汇总统计数据的缺点做出评论。比如，其攻击者认为他接受"南方贫穷

[①] 按照河北大学石岩妍在其硕士论文里统计，卡斯特"信息时代三部曲"所使用的图标数目，得到下列数据。三部曲中的第一卷《网络社会的崛起》中引用表格 48 个，图示 43 个；第二卷《认同的力量》中表格 23 个，图示 23 个，图表 3 个；第三卷《千年的终结》中引用表格 17 个，图示 18 个。在三部曲中卡斯特使用的表数目合计 98 个，图总数为 84 个，另外加上在第二卷中的 3 个图表，卡斯特一共使用了 185 个图表作为他分析的基础。

法律中心"(the Southern Poverty Law Center)这样高度政治化组织的报告,并将其统计资料视为有效,而不解释核心数据的分类标准。这误导了无批判力的读者接受其方法论产物作为统计学的事实(Statistic alffact),这被作为其可疑阐述的支撑①。另外卡斯特著作提供的论证也不够完善,通常当总体统计数据不能支持卡斯特的解释时,例如,在"信息时代三部曲"第2卷《认同的力量》中,卡斯特描述了美国民兵运动的兴起,并试图(根据南方贫困法律中心的数据)展示它们在美国的传播方式。即使这些数字不支持他的论点,他也抛出如下的观点:"如果我们认为基督教民主联盟成为民兵运动的一部分,那么爱国者就在最大大都会地区的郊区"②。"卡斯特在无确凿证据和无充分论证的条件下做出假设(如非不是其期望的相似性),并将其视为公认的事实。如同变魔术一样,卡斯特"这个手法(或花招)让他巧妙地从一个甚至不是帽子的帽子里拉出兔子"。这些问题揭示了社会学声称成为科学的根本弱点,因为它们揭示了所谓科学社会学的政治潜流,并且无法保持"价值中立"。甚至把卡斯特的研究与社会学的衰落(Decline)联系在一起①。

3. 技术决定论倾向

卡斯特为我们总体上描述了一个业已改变的世界——信息时代的到来。他指出,过去三四十年里有三个独立开展的过程:信息技术的革命、资本主义的再结构和独立运动的文化斗争、信息技术与传播技术的发展和资本主义的再结构关系密切,使资本主义获得胜利并取得全球的支配地位,其政治、经济、文化取得了历史性的胜利,在规模和范围上都是前所未有的。其核心就是信息主义和网络逻辑的扩散导致新的社会形态——网络社会的崛起。在这个过程中,信息和传播技术的革命居于核心地位。

作为一个精明的学者,卡斯特在《网络社会的崛起》一书的开篇,就对技术与社会关系做了立场性的申明:

"技术不决定社会。反过来社会也不为技术变革写定剧本。这是因为许多因素在科学发现、技术革新和社会应用过程综合起作用,这些因素包括个人的

---

① Anderson, William R. Manuel Castells and the Decline of Twentieth-Century Sociology[J]. The Quarterly Journal of Austrian Economics,2000,2(3):83-85.

② 曼纽尔·卡斯特.认同的力量[M].夏铸九,等译.北京:社会科学文献出版社,2006:104.

创新和企业家精神,最后的结果取决于复杂的互动过程。实际上技术决定概论的困境大概是一个虚假的问题,因为技术就是社会,而且如果没有社会的技术工具,社会的理解或者表述都是不可能的。"①

这是预先堵住对其技术决定论的批判,包括其后续研究,卡斯特也强调网络社会中精神因素重要作用——"信息主义精神"和互联网产生中的黑客伦理、企业家精神和集体文化等文化的结构性作用,但是包括尼古拉斯·加汉姆(Nicholas Gamham)、弗兰克·韦伯斯特(Frank Webster)在内的卡斯特众多评论者和关注者都认为卡斯特理论的巨大缺陷恰恰就在于其技术决定论。因此本书这里的研究不仅涉及卡斯特网络社会思想,还会延伸到其后期媒介理论和传播权力思想中的技术决定论批判。

首先,卡斯特上述辩解性的宣言本身就是有问题的,无论在何种条件下,将技术与社会关系表达为"技术就是社会",这都是与其避免技术决定论的立场相矛盾的,实际上卡斯特在后续网络社会分析中,也有类似的倾向,即将"网络"过度与社会等同。其网络概念作为一个主导的解释概念和框架,几乎所有的现象都是通过单一的、不加区别的"网络"棱镜得以观察。在卡斯特理论体系中,社会隐身,网络成为社会的主导社会结构,在网络化逻辑扩散过程中,政治、经济、文化、人类经验乃至权力这些社会结构的变迁都可以与网络结构等同起来分析。比如:在《传播权力》中卡斯特将网络结构与权力的形式结合,衍生出四种不同结构的权力,甚至权力的拥有者也变成了一个编程者网络和行动者网络。网络几乎与社会一切事物等同起来,这本身就是信息技术为核心的网络(逻辑)的支配,"信息技术"及其决定的网络成为分析和解决人类一切社会问题的灵丹妙药,即社会不被视为被信息与传播技术塑造、加工而造成的复杂的互动,而是被简单地等同为信息和传播技术(技术即社会)。这种观点不仅混淆了技术和社会,还混淆了网络和社会,而网络实际上只是社会的一部分。事实是,对大多数人来说,占有、使用信息与传播技术并不容易,信息不是知识的同义词,虚拟网络也不能够让人们从此进入摆脱社会重力的世界,这本质上便走向了其反对的技术决定论。

其次,除了网络社会理论本身具有的技术决定论缺陷之外,卡斯特对媒介

---

① 曼纽尔·卡斯特.网络社会的崛起[M].夏铸九,等译.北京:社会科学文献出版社,2006:5.

与社会、传播权力的分析过程中,技术决定论的身影也若隐若现。卡斯特媒介理论受到了麦克卢汉等媒介环境学派技术决定论强烈的影响,尤其是麦氏在技术和文化文明发展的社会影响层面,对卡斯特的影响非常明显,卡斯特直接沿用麦克卢汉的框架,把人类文明分为5个阶段,其中前3个阶段与麦克卢汉的划分直接等同,而卡斯特则是在麦氏分期基础上将电子时代影响进行了拓展和延伸;对卡斯特而言在这之后还有麦克卢汉星系和互联网星系,最终是进入一种"真实虚拟文化"当中。其对"真实虚拟文化"的分析则更是建立在技术决定论基础上的,这一点我们在本书第4章中已有详细分析。

在对互联网特征进行分析的时候,卡斯特一直主张互联网是自由和自主传播空间的工具。这是另一种传播——脱离控制的传播,一种自主传播。卡斯特认为"虽然有中国尝试管制、私有化与商业化互联网及其附属系统的企图,互联网内外的电脑中介传播网络依然具有普及、多面向的分散化、灵活性及弹性特性。它们就像微生物的殖民地一样四处蔓延"①,卡斯特借用自然过程来隐喻描述社会,连同其紧接其后对媒体和传播的一般分析,都强烈地表明:对卡斯特而言,技术并不确定一切,但最终还是决定性的。卡斯特虽然强烈对其技术决定论指责进行辩解,但他的许多说法都与其存在矛盾。

卡斯特在最近的作品《愤怒与希望的网络》(2012)中观察了2011年在世界各地爆发的市民运动和抗议。他将阿拉伯社交媒体革命、西班牙愤怒运动、美国华尔街占领运动,作为由新传播工具作为网络支持的案例。然而,想要精确解释卡斯特的观点,需要对互联网、移动技术和社交媒体在日常生活中的作用更精确了解,正如巴拉西(Veronica Barassi,2013)和福克斯(Fuchs,2012)所呈现的。但卡斯特认为抗议运动基本上是自主的传播网络而不考虑信息的实际渗透、使用传播技术(ICTs)在特定现实生活环境中的重要意义。同样,如果以在西雅图街头抗议为例,一切的解释都是根据预定网络逻辑,这种技术决定论的视角能否准确解释社会运动出现、形式与运作,其本身就是可疑的。

在对《传播权力》一书的分析中,卡斯特也是突出将权力的概念作为技术权力,如同他在研究最后假设的那样,一般在社会权力过程中形成。这将成为权力的社会逻辑下更接近的技术权力,而不是作为一个相关的外部权力。这种想

---

① 曼纽尔·卡斯特.网络社会的崛起[M].夏铸九,等译.北京:社会科学文献出版社,2006:334.

法是从互联网技术传播权力的使用过程中产生的。

最后,卡斯特的技术决定论倾向还体现在其技术化的语言修辞上,网络术语、编程、转换、流动等,则都为其预先思考的整体性提供了支持。造就了传播环境的传播技术,在社会变革的进程中产生了十分重要的影响。我们可以发现,他技术化的语言也是技术决定论倾向的表现。

为了反驳对其的批判,卡斯特不断地表达他对其著作背景下所涉及这些问题的恼怒。从某种意义上来说,卡斯特的辩解也是有一定道理的,其理论体现出来的技术决定论倾向是其理论和方法分析本身矛盾的体现;另外一点就是卡斯特极力去弥补这个缺陷,比如受麦克卢汉影响,麦克卢汉因提出了媒介决定论,受到技术决定论者的指责,因为他认为社会力量和过程只能起到一个边缘的作用。麦克卢汉将媒介发展描述为一个一定程度上的渐进过程,它按照自身发展动态进行并且让不知情的人们下意识地接受它的合法性。在解释合法性概念的尝试中,他只是提及个体内在的心理矛盾和借助媒介技术来消除商业化以及心理控制风险的可能性。对比而言,卡斯特至少研究了社会权力在新技术实现、社会矛盾处理中所扮演的角色。他强调,技术发展不能决定社会发展,两者处于相互交替共存的关系中。他极力驳斥了技术决定的标签,而这正是麦克卢汉遗留下来的一些理论盲点。从某种意义上来说,卡斯特的技术决定论,是暗含在其分析中的一种弱技术决定论。

4. 二元论的简化(还原)逻辑

卡斯特对网络社会、媒介技术和传播权力的分析对我们理解媒介技术在社会中的作用极为重要,但在卡斯特富有启发的宏观理论中,还存在另外一个明显的缺陷,这就是他习惯性地将所有的事物都按照二元逻辑去化约,这种二元形而上理论,在某些时候使其如虎添翼,如"流动空间"与"地方空间"的二元张力构成其对网络社会结构分析核心,也支撑其对网络社会其他方面的拓展分析,但是在对更多领域分析的时候,二元简化结构忽略了更多因素的复杂性,则很难让人接受。这种过度简化在权力研究的过程中也很明显,在卡斯特分析权力关系的问题上,仍旧保留了一个二元论的观点:有的人发号施令因为他们有权力,而有的人或服从或反抗,因为他们没有权力,这是一种马克思主义权力模式的重复,但现代社会体系所产生的复杂性元素被避免了。

当卡斯特明确聚焦在媒体研究的时候,他的思想也有退化成一种简化对立的二元倾向,如框架和非框架问题、权力和反权力问题,跨国传媒公司和创造性受众之间的对立问题等,这种分析结果有启迪性,但缺乏复杂性的分析,导致卡斯特对媒介和传播的研究有时候是矛盾的。

6.2 卡斯特思想在传播学领域被忽视的表现及原因

尽管卡斯特在理论视野、研究方法乃至概念等方面对传播研究都做出了重要贡献,其网络社会理论也一再被全球顶级学者不断评论和转述,其理论在社会学界和传播学界的引用率极高,在传播学领域被引甚至高居全球榜首。但与此形成鲜明对比的是:卡斯特传播思想及其阐释却在传播学领域一直被忽视或低估。

在 2010 年之前出版的传播史著作和传播思想等理论著作,提及与评价卡斯特传播学领域贡献的寥寥无几,仅法国的两本传播思想理论著作:贝尔纳·米涅(Bernard Miège)《传播思想》及麦格雷(Maigrer, E.)《传播理论史》中有部分短论,但都是将其置于技术决定论立场进行批判。有意思的是,这两者均属法国传播学者,而法国传播学者并非传播学主流。除此之外,如尼克·史蒂文森(Nick. Stevenson)在《媒介的转型:全球化、道德和伦理》中将卡斯特对媒介文化的观点放在批判理论的脉络下去评述,认为其研究已经认识到现代社会媒介角色的复杂性,但其未能回答关于对话、工具理性以及身份的问题[①]。

在中国,胡翼青所编《西方传播学术史手册》(2015)中对卡斯特对传播学建制影响,也基本上以缺乏理论创建来评价,代表目前学界主流观点。更有批评者,认为卡斯特纯粹是卖弄词汇,其《传播权力》一书也无甚创建,仅有传播情感的因素稍有新意,但仍然转引了大量神经生理学著作等。

本书认为,这些对卡斯特的评价并不公允,或许与卡斯特本人研究某些特质有关,其理论历来在西方世界的支持者和批评者都很多,但其传播思想长期

---

① 尼克·史蒂文森. 媒介的转型:全球化、道德和伦理[M]. 顾宜凡,译. 北京:北京大学出版社,2006:217-218.

被忽略。若详细考察的话,其思想被忽略主要有以下几点原因:

1. 卡斯特的传播思想属于社会学与传播学结合的截面研究,服从其宏大叙事,具有复杂性

卡斯特的传播研究是在网络社会的结构框架下展开的,因此具有强烈宏大叙事的"时代诊断"色彩。这使他的传播研究容易被其网络社会理论的光芒所淹没,同时,因其传播研究既有对麦克卢汉、英尼斯等媒介环境学派的媒介技术与社会的主题探讨,有对互联网产生的自主文化、认同文化和真实虚拟文化研究的探讨,也有对当前媒介产业和媒体制度与积极受众作用的政治经济批判,更有对政治传播领域的网络社会动员和媒体政治的关注;甚至有将网络放在微观神经心理学领域构建思想框架的考察。卡斯特的工作主要在于将现有的理论与实证观察结果进行综合。其次,它连接来自不同学科,甚至在不同理论层次进行分析,按照其一贯的理论观点,他并不主动去构建一个单独的传播理论,也不溯源其理论的归属,他进行的实际上是概念操作层面的应用研究。其传播思想是与网络社会、与信息技术和权力理论紧密结合的。

一方面这种跨学科分析增加其理论理解的难度;另一方面网络社会和权力分析的数据和观察,稀释了其本来就不算深入的理论探讨。所以卡斯特传播理论的关注者有将其作为当前传播学三个范式的结合者来定位(秦栋,2015),也有将其放在批判理论脉络下探讨(史蒂文森,2002),更多的则是将其放置在信息社会理论和媒介技术分析领域(米涅热 2008;麦格雷 2009),可见,很难将其作为独立明晰的传播理论范式去定位。这与当前主流传播学领域喜欢定位在某一固定的学派,发明精细的研究方法和工具,对某一典型现象进行不厌其烦细致探讨的潮流格格不入,传播领域的学者不愿去深入理解卡斯特,甚至不承认卡斯特的某些传播研究观点,这导致对卡斯特思想中社会和传播维度结合问题的细致解读不足。

2. 卡斯特对理论和概念特有的态度,导致研究者和阐释者对其解读起来模糊,无法深入其源头,并扩展解释

卡斯特并非传播学科班出身,其对传播研究一开始具有偶然性,后来才进入其研究视域中心,所以卡斯特传播研究大多是建立在对其他学者理论概念的

引用和改造基础之上的,但是卡斯特对理论的态度是"有用的就用,没有用的连讨论都不会讨论",这导致卡斯特的分析缺乏对方法全面的回顾,对其研究和阐释的学者,很难从其模糊的概念引用和大量图表数据中,追本溯源,更别提对其进行深入阐释了,学者无法在其概念和理论基础上发现新的生长点,这与同时代哈贝马斯、鲍德里亚、吉登斯等人理论的应用形成鲜明的对比。这也造成在学界对卡斯特著作和理论的评论形成了两种矛盾的声音,既有与马克思·韦伯相提并论,甚至有学者感言如果社科界有诺贝尔奖,则非卡斯特莫属。但反对者对其概念模糊、数据处理、思想单向性和权力概念泛滥等进行了毫不留情的批判,这也让卡斯特有时候非常恼火,不得不撰写大量的文章去回应。

概念的模糊和理论工具化的简化,也是本书无法以卡斯特传播理论作为主题,只能选取其思想为题进行阐释的重要原因。

3. 卡斯特多语言写作的复杂性

卡斯特一开始以法语写作,其著作经历一个从法文翻译成英文再翻译成其他文字的复杂历程,后期,卡斯特大多用英语和西班牙语写作和演讲,就中国而言,卡斯特著作的引入需要一个过程,核心著作(除"信息时代三部曲"之外)都正在陆续翻译引入。而纵观卡斯特研究历程,其研究每一个高潮都是因其作品被引入和介绍所引发,如《信息化城市》《网络社会的崛起》等就引发了上一轮网络社会研究的高潮,当前卡斯特大量传播著作和论文也开始被翻译出版,尤其是核心著作翻译出版后必将对卡斯特的研究深入拓展。但现阶段,对卡斯特的研究受制于文献约束:一方面其核心著作动辄 600 页的体量,而且以高产态势,几乎是以每年一本的速度增加;另一方面其思想还散见于西班牙语和法语文献当中,这大大制约了学者对卡斯特研究和思想的挖掘。

4. 卡斯特知识生产的方式,影响了学者对其的评价

卡斯特作为著作等身的学者,其高速和高产的研究让人敬佩,如他对 2011 年各国的网络社会运动观察,在几个月内就迅速杀青,于 2012 年出版了《愤怒与希望的网络》一书,这不得不让人敬佩。但是作为一个精明的学者,卡斯特论文和著作的生产方式也引发一定的非议:

第一,卡斯特喜欢将其核心观点先用一系列文章发表,最后再汇集成著作

出版,这导致其著作很多,但内容重复也很多(有时读者需要在其著作中非常仔细地研读,才能发现其与之前论文中的细微差别),这就冲淡了卡斯特核心观点,学者需在层层累积的成果中进行比较才能发现其嵌入的新发现,导致部分学者对卡斯特的负面评价,说他有卖弄理论和重复的现象。

第二,卡斯特合作著作(见附录)很多是以其统领的主题发言(序和跋),然后汇集众多学者的论文成集,署名。读者往往冲着他的名气去选择阅读,但阅读之后,发觉收获极少,这也冲淡了卡斯特思想影响。

因为以上种种因素的综合作用,卡斯特在传播领域的影响至今(截至2019年)没有得到足够重视,导致引用者和应用者多,批判者众多,但深入阐释者则不足。

结语　虚拟世界第一位重要的哲学家

卡斯特曾建构了信息时代和全球化背景下经济、社会、政治与文化变迁的宏大叙事——网络社会理论,为我们提供了信息经济及其社会结构变迁雄心勃勃的描述,过去30年全球的发展已充分证明卡斯特这项工作的成功。卡斯特本人具有极强的社会学想象力,如今审视我们所处的网络社会之时,已经不是将其视为一项我们必须承认的社会学现实,而是将网络视为"具有主导作用的组织形式",整个社会秩序可以也应当建立在这项基础之上。

但网络社会的论述更像是一种理念而不仅仅是一种社会学研究的研究模型与诠释工具。在其中,网络不仅被指认及描述出来,还被物质化,并且引发了恋物癖式的狂热。网络已成为当前时代首要的关系,统括几乎所有的社会与历史事实。

卡斯特并未止步于此,而是延续其学术理想——他自学术生涯开始便格外关注的权力问题,他认为自己"学术历程中有一个贯穿始终的核心命题:就是对构成社会基石的权力关系的研究。……如今,传播领域——包括在新技术环境中新媒体和传播的横向网络——是权力关系得以展开的场域。传播是我们这个世界政治运作的中心",卡斯特后期所有研究都是集中于全球网络社会下新数字传播网络所构建的新权力形式与机制,藉此构建了一个以传播为中心的综合研究范式。这个范式在社会学和传播学之间架设了一座桥梁,跨域媒介研究、媒介政治经济学、文化研究,涉及宏观的全球传播文化、传播权力和媒介环境的转型,也关注到了微观的神经网络思想框架机制:人类通过与自然环境、社会环境互动,通过将神经网络与自然以及社会网络相互联结而创造意义。这种联结通过传播行为来完成。

因此,本书选取卡斯特传播思想作为主题,将卡斯特对媒介与社会文明演变、传播文化变迁、传播权力构建的思索放置在其思想形成的历程中,置于思想史的视域下去阐释与批判,借以深入理解卡斯特传播思想的全貌,窥见卡斯特完整的学术研究路径,并借用卡斯特的观念来认识和反思我们当前身处的媒介环境及网络社会现实。

在某种意义上,卡斯特的传播思想本身并不是十分清晰和系统,因其拒绝理论溯源和概念阐释的"可抛弃理论"立场,这种思想甚至是模糊的,这一方面给我们的研究造成了困难,另一方面也让我们拥有了广阔的阐释空间,但这种阐发也容易"误入歧途",因此本书没有采取单一的逻辑,直接揭示其核心,而是采用多维度、多层次的剥洋葱般的外围研究策略。

首先,从卡斯特研究历程的生命史维度和思想的理论背景角度去探讨卡斯特传播思想形成的背景和生态,卡斯特传播研究的跨学科、多元文化及经验研究特色都是在其过往研究历程中形成的,其传播思想本身就是对他过往关注的网络社会、传播权力、文化和社会变迁的一系列综合。在这个过程中卡斯特形成了其极具特色的经验研究方法论,主张跨学科和跨文化多元分析,主张与实践接触的观察,并且秉持一种可抛弃理论(Disposable Theory)的立场。

在此基础上,按照"阐述问题—厘清问题—评定价值"的思路,对卡斯特传播媒介观、传播文化观和传播权力观内容进行阐释。

卡斯特的媒介观是直接受麦克卢汉媒介环境学派的影响,对媒介技术与社会文明变迁的"传播学母题"的延伸思索,将媒介环境学派对传统媒介的关注延伸到网络和虚拟空间,在此基础上以网络为中心,系统阐述了流动空间和无时间时间理论,并提出了独特的大众自传播模式,这成为其后期分析权力与反权力、网络社会运动和全球公共领域形成的理论基础。

卡斯特的传播文化观则是在对信息与传播技术(ICTs)独特理解的基础上,从不同维度对传播与文化关系建构了关联视角,以此为根,他进入了一种技术决定论和后现代倾向的真实虚拟文化理论分析领域(虽然他一直拒绝后现代理论),他同时也拒绝全球网络社会同质化的文化概念,对互联网文化基础和全球传播文化变迁的分析,均采用的是结构主义的经验分析,提出独特全球文化结构,在其中传播居于核心,因此他断言"全球文化是一种为传播(而产生的)传播文化。"

卡斯特的传播权力观是其传播研究的核心与落脚点,通过空间逻辑和功能逻辑将传播与权力概念结构关联，形成了对权力分析的传播视角。这弥补了诸如马克思、福柯、韦伯等经典权力研究者对权力问题中媒体（传播）作用的忽视，提出了独特的权力概念："权力是能使被赋权的社会行动者以有利于其意愿、利益和价值观的方式非对称地影响其他社会行动者决策的关系（Relational）性能力"[①]。

卡斯特将传统权力分解为两种方式，"通过胁迫（Coercion）（或胁迫可能性）及/或通过社会行动者支配其行动的话语（Discourses）基础上建构意义来施行"。意义建构是权力的传播方式，并取代前者成为网络社会主导的权力建构与施行方式。为了分析意义建构与权力关系生产的具体过程，采取了从宏观到中观，随后进入微观神经网络的分析。人类通过与自然环境、社会环境互动，通过将神经网络与自然以及社会网络相互联结而创造意义。这种联结通过传播行为（思想框架机制）来完成。但是卡斯特当时仍然无法回答网络社会中的权力问题，最终他得益于吉登斯等人的结构化理论，将网络权力分解为四种具体形式，对权力进行结构化的类型分析，并与网络的结构特点结合，完成了"权力的网络理论"的建构。在这个过程中，卡斯特在社会理论与传播理论之间建立了桥梁，也回答了学者对其（社会学）理论是以何种方式迁移、融入媒介理论和媒介研究中的"困惑"。

本书的研究作为文化哲学的研究范畴，力求达到思想哲学的研究逻辑和史学方法的统一，但是在最后的行文中，明显呈现了详细的资料文本梳理、对卡斯特学术"生命史"描述偏重，而批判偏弱，更多地体现了对卡斯特传播思想的肯定，而对其思想建构的哲学逻辑阐发不足，反思其原因主要有以下两个方面：① 本人史学科班，对史料和史学方法比较擅长；② 卡斯特思想本身是一种跨学科和跨文化的综合，且因其独特的理论立场，致使其理论与概念本身过度简化和模糊，偏重史学方法可以保证阐释的准确性，但失去了阐释的充分性和丰富性，导致很多哲学逻辑建构力不从心，使本书的整体性和严密性受到了影响。

至此，本书的研究远不能用完成来结语，甚至只能算是起点。因为卡斯特虽年近80岁，但学术研究"日新又新"，他站在当前全球网络社会演变前沿，不断追逐最新实践，新成果和新观点不断涌现。本书只能算是初步整理，以求抛

---

① Castells M. Communication Power[M]. New York: Oxford University Press, 2009: 10.

砖引玉,就卡斯特的整体思想和传播思想而言,未来有以下几点需要进一步关注:

第一,卡斯特著述和研究文献的译介问题,及时关注卡斯特自身研究的延展,同时紧盯国际对卡斯特的研究动态,搜集原始文献和最新成果(卡斯特过去近50本署名的著作,国内翻译还不到十分之一),加快译介速度,这是对卡斯特深入研究的基础性工作;

第二,在资料不断丰富的基础上,对卡斯特整体思想与传播思想的基础进行更完善的梳理,阐释其变化过程和特点;

第三,就是对卡斯特一贯坚持的权力问题的深入研究问题,目前远远不足(本书仅仅截取卡斯特在网络社会之后的传播权力研究),深入阐释权力问题在卡斯特过去60多年所经历的六次研究范式转型中的内涵与特征,并梳理其演变线索,才能将卡斯特所有的学术和思想前后串联,系统认识其全貌;

第四,就是针对卡斯特网络社会运动理论的系统研究,卡斯特早期在马克思视域下对城市社会运动进行了长期研究,形成了系统的理论体系,而网络社会到来之后社会运动目标、手段和动力都发生了根本变化,尤其是近年来(2011—2015年)卡斯特提出"新网络社会运动"理论,该理论以网络和情感动员的权力和反权力关系建构为核心,以全球公共领域建构为目标,具有广泛的"启蒙"意义,但该研究正是卡斯特所关注的现实和前沿,还在持续演化当中,因此对网络社会运动理论进行系统研究,能够将其传播思想、权力理论和社会运动理论乃至网络社会理论打通,对系统阐述卡斯特思想具有积极意义,这也是其未来努力的方向。当然"卡斯特研究与中国"的主题,也必将成为中国学术界未来研究的重要方向,无论是卡斯特思想在中国传播与接受的阐发,还是其网络理论、权力理论和传播理论在中国语境下的应用,都是其思想的巨大实践意义。

卡斯特被美国《华尔街日报》和英国《经济学家》期刊誉为"虚拟世界第一位重要的哲学家"。《华尔街日报》和彼得·赫尔将其"信息时代三部曲"与卡尔·马克思《资本论》比肩,安东尼·吉登斯把他的"信息时代三部曲"与马克斯·韦伯的《经济与社会》并论,这些都是网络社会理论为之带来的盛誉。本书虽对卡斯特传播思想有了初步阐释,但因卡斯特的传播研究还在进行中,其传播思想也在不断演化中,其提出的"互联网星系""网络即信息"似乎已成为网络时代的媒介格言,但对卡斯特传播思想的演化和评价最终结果如何,需要我们持续进行探索。正如卡斯特对待理论的态度一样,"他无意建构一个宏大的理论体系,只是提供一种继续研究的工具,工具适当与否,只能留待现实检验"。卡斯特传播思想的演化和定位也必将能够经受住未来现实的检验。

参 考 文 献

一、卡斯特本人文献

1. 著作

[1] Castells M. The Information Age：Ⅰ, The Rise of the Network Society [M]. Malden：Blackwell Publishers，1996.

[2] Castells M. The Information Age：Ⅱ, The Politics of Identity [M]. Malden：Blackwell Publishers，1997.

[3] Castells M. The Information Age：Ⅲ, End of Millennium [M]. Malden：Blackwell Publishers，1997.

[4] Castells M. Informationalism, Networks, and the Network Society：A Theoretical Blueprint[M]//Caastells M. The Network Society：A Cross-cultural Perspective. New York：Edward Elgar，2004：3-43.

[5] Castells M, Ince M. Conversations with Manuel Castells [M]. Cambridge：Polity，2003.

[6] Castells M. The Internet Galaxy：Reflections on the Internet, Business, and Society [M]. New York：Oxford University Press，2001：9-36.

[7] Castells M, et al. Mobile Communication and Society：A Global Perspective [M]. Cambridge：The MIT Press，2006.

[8] Castells M. Communication Power[M]. New York：Oxford University Press，2009：22.

[9] Castells M. The Rise of the Network Society [M]. Malden：Blackwell Publishing Ltd.，2010.

[10] Castells M. Networks of Outrage and Hope：Social Movements in the Internet Age[M]. Cambridge：Polity. 2015.

[11] 卡斯泰尔(卡斯特). 信息化城市[M]. 崔保国,译. 南京：江苏人民出版社,2001.

[12] 曼纽尔·卡斯特. 网络社会的崛起[M]. 夏铸久,等译. 北京：社会科学文献出版社,2006.

[13] 曼纽尔·卡斯特. 认同的力量[M]. 2版. 夏铸久,等译. 北京：社会科学文献出版社,2006.

[14] 曼纽尔·卡斯特. 网络社会:跨文化的视角[M]. 周凯,译. 北京:社会科学文献出版社 2009.

[15] 曼纽尔·卡斯特. 网络星河:对互联网、商业和社会的反思[M]. 郑波,武炜,译. 北京:社会科学文献出版社,2007.

[16] 曼纽尔·卡斯泰尔斯. 经济危机与美国社会[M]. 晏栎,等译. 上海:上海译文出版社,1985.

2. 论文

[1] Castells M. Grassrooting the Space of Flows[J]. Urban Geography,1999,20(4):294-302.

[2] 曼纽尔·卡斯特,林秀姿. 流动空间的草根化[J]. 城市与设计学,1998(5/6):1-9.

[3] Castells M. Materials for an Exploratory Theory of the Network Society [J]. British Journal of Sociology, 2000, 51(1):21.

[4] Castells M. Urban Sociology in the 21st Century[M]//The Castells Reader on Cities and Social Theory. Oxford:Blackwell,2000.

[5] Castells M. Informationalism and the Network Society[M]//Epilogue to Pekka Himanen's The Hacker Ethic and the Spirit of Informationalism. New York:Random House. 2000:155-178.

[6] Castells M. Globalization, the Knowledge Society and the Network State:Poulantzas at the Millennium[J]. Global Networks, 2000, 1(1):1-18.

[7] Castells M. Space of Flows, Space of Places:Materials for a Theory of Urbanism in the Information Age[M]//Graham S. The Cyber Cities Reader. London:Routledge, 2004:82-93.

[8] Castells M. Communication, Power and Counter-power in the Network Society [J]. International Journal of Communication, 2007(1):249.

[9] Castells M. Amelia Arsenault. The Structure and Dynamics of Global Multimedia Business Networks[J]. International Journal of Communication, 2008 (2):707-748.

[10] Castells M. Switching Power:Rupert Murdoch and the Global Business of Media Politics [J]. International Sociology, 2008, 23(4):488-513.

[11] Castells M. Communication Power:Mass Communication, Mass Self-communication, and Power Relationships in the Network Society[M]//Curran J. Media and Society. New York:Bloomsbury Academic, 2010:3-17.

[12] Castells M. A Network Theory of Power[J]. International Journal of Communication,2011(5):773-787.

[13] Castells M, Parks M, Haak B. The Future of Journalism:Networked Journalism [J]. International Journal of Communication, 2012(6).

[14] Castells M. A Sociology of Power: My Intellectual Journey[J]. Annual Review of Sociology, 2016, 42(1):1.

[15] Castells M. An Introduction to the Information Age[J]. City, 1997(7):16.

二、普通中文文献

1. 著作

[1] 蔡禾.现代社会学理论述评[M].合肥:安徽人民出版社,1992:273.

[2] 黄葳葳.文化与传播[M].台北:正中书局,1999:44.

[3] 史蒂文森.媒介的转型:全球化、道德和伦理[M].北京:北京大学出版社,2006:217-218.

[4] 埃克里·麦格雷.传播理论史:一种社会学的视角[M].刘芳,译.北京:中国传媒大学出版社,2009:56.

[5] 约翰·斯道雷.文化理论与大众文化导论[M].常江,译.北京:北京大学出版社,2015:230.

[6] 杜涛.框中世界:媒介框架理论的起源、争议与发展[M].北京:知识产权出版社,2014.

[7] 张五常.学术上的老人与海[M].北京:社会科学文献出版社,2001:26.

[8] 马杰伟,张潇潇.媒体现代:传播学与社会学的对话[M].上海:复旦大学出版社,2011:242.

[9] 柯司特,殷斯.与柯司特对话[M].王志弘,徐苔玲,译.台北:巨流图书有限公司,2006:1-13.

[10] 诺曼·邓津,伊冯娜·林肯,风笑天.定性研究:方法论基础[M].重庆:重庆大学出版社,2007:309.

[11] 宫城波.传播学史[M].北京:中国广播影视出版社,2014:398-400.

[12] 胡翼青.西方传播学术史手册[M].北京:北京大学出版社,2015:217-212.

[13] 马杰伟,张潇潇.媒体现代:传播学与社会学的对话[M].上海:复旦大学出版社,242-259.

[14] 汤书昆.技术传播环境下的表意语言理论[M].合肥:中国科学技术大学出版社,1997.

[15] 周荣庭.运营数字媒体[M].北京:科学出版社,2012.

[16] 约翰·斯道雷.文化理论与大众文化导论[M].常江,译.北京:北京大学出版社,2015.

2. 论文

[1] 刘俊杰.简论普兰查斯的结构主义国家权力学[J].东北师大学报(哲学社会科学版),1988(3):8-14.

[2] 谢国雄,邢幼田,夏铸久.访问曼纽卡斯提尔[J].台湾社会学研究季刊,1998(1):1-2.

[3] 牛俊伟.城市中的问题与问题中的城市[D].南京:南京大学,2013.

[4] 谢俊贵.凝视网络社会:卡斯特尔信息社会理论述评[J].湖南师范大学社会科学学报,

2001(3):41-47.

[5] 谢俊贵.当代社会变迁之技术逻辑:卡斯特尔网络社会理论述评[J].学术界,2002(4):191-203.

[6] 吴玉荣.信息技术革命与苏联解体:兼论曼纽尔·卡斯特解读苏联解体的新视角[J].中共中央党校学报,2003(4):51-56.

[7] 邱林川.中国、传播与网络社会:与卡斯特对谈[J].传播与社会学刊,2016(1):1-15.

[8] 王保臣,杨艳萍.曼纽尔·卡斯特研究述评[J].北京邮电大学学报(社会科学版),2008(6):10-15.

[9] 陆俊,严耕.信息化与社会主义现代化:兼评托夫勒和卡斯特的信息化与社会主义冲突论[J].思想理论教育导刊,2004(8):34-38.

[10] 崔小璐.试论卡斯特网络社会理论单向度倾向[J].上海青年管理干部学院学报,2004(3):47-50.

[11] 杨荣国.当代政治认同初探:试用卡斯特认同理论分析[J].内蒙古农业大学学报(社会科学版),2009(4):254-255.

[12] 肖峰.信息技术决定论:从信息社会到信息主义[J].东北大学学报(社会科学版),2009,11(5):377-383.

[13] 肖峰.历史观信息主义:从媒介决定论到信息方式[J].科学技术哲学研究,2009(1),26(6):84-90.

[14] 谷俊明.曼纽尔·卡斯特网络社会思想起源探析[J].现代传播(中国传媒大学学报),2013(5):153-154.

[15] 张荣.卡斯特网络经济社会论探析[J].石家庄经济学院学报,2014(1):55-61.

[16] 彭洲飞.聚焦新马克思主义者卡斯特:信息资本主义理论[J].延安大学学报(社会科学版),2016(4):5-8,23.

[17] 方艳.曼纽尔·卡斯特网络社会理论之述评[J].哈尔滨学院学报,2015,36(6):17-20.

[18] 杨卫丽,童乔慧,杨洪福.曼纽尔·卡斯特与密斯的流动空间比较试析[J].河北建筑科技学院学报,2005(4):20-22.

[19] 张钊.流动权力与复杂性:理解世界青年运动的一种潜在视角[J].中国青年研究,2013(12):11-15.

[20] 闫婧.卡斯特的流动的空间思想研究[J].哲学动态,2016(5):43-48.

[21] 牛俊伟.从城市空间到流动空间:卡斯特空间理论述评[J].中南大学学报(社会科学版),2014,20(2):143-148,189.

[22] 徐忆,宁云中.卡斯特的网络空间理论与超文本文学表征[J].求索,2013(1):168-170.

[23] 杨光影.卡斯特网络社会理论视域下的作家身份认同[J].文艺理论,2015(7):38-42.

[24] 李楠.文学作品进入网络空间后:从卡斯特《网络社会的崛起》说起[J].博览群书,2016(10):86-88.

[25] 胡翼青.传播技术与文明变迁:传播学的永恒母题:基于传播学科创新的思考[J].新闻与

传播研究,2007(1):27-29.
- [26] 林培渊. 以 Castells 观点探讨媒介科技革命下的真实/虚拟文化与认同[J]. 网络社会学通讯,2005(51):13.
- [27] 黄慧琦. 从虚拟实境到实化虚境:谈网络社会与宗教文化的传播与实践[C]. 台北:国立台湾师范大学,2001:30.
- [28] 但海剑,石义彬. 网络社会理论视角下的跨文化传播思考[J]. 学习与探索,2008(4):119-121.
- [29] 陆扬. 解析卡斯特尔的网络空间[J]. 文史哲,2009(4):144-150.
- [30] 石岩妍. 从网络社会理论管窥卡斯特利斯传播思想[D]. 保定:河北大学,2009.
- [31] 张咏华. 卡斯特尔笔下的传媒转型[J]. 文化与传播,2014(2):44-53.
- [32] 刘可文. 移动网络社会的崛起:曼纽尔·卡斯特网络社会理论著作解读[J]. 青年记者,2016(5):31-32.
- [33] 周翔,李静. 权力网络视域下的国际传播影响力[J]. 当代传播,2016(2):57-58,86.
- [34] 刘少杰. 网络化时代的社会空间分化与冲突[J]. 社会学评论,2013(1):66-74.
- [35] 刘少杰. 网络化时代社会认同的深刻变迁[J]. 中国人民大学学报,2014(5):62-70.
- [36] 刘少杰. 网络化时代的社会结构变迁[J]. 学术月刊,2012(10):14-23.
- [37] 刘少杰. 网络社会的感性化趋势[J]. 天津社会科学,2016(3):64-71.
- [38] 陈氚. 网络权力变迁中的国家机遇[J]. 中共中央党校学报,2015,19(3):41-45.
- [39] 陈氚. 权力的隐身术:互联网时代的权力技术隐喻[J]. 福建论坛(人文社会科学版),2015(12):67-72.
- [40] 谢俊贵. 凝视网络社会:卡斯特尔信息社会理论述评[J]. 湖南师范大学社会科学学报,2001(3):41-47.
- [41] 吴玉荣. 信息技术革命与苏联解体:兼论曼纽尔·卡斯特解读苏联解体的新视角[J]. 中共中央党校学报,2003(4):51-56.
- [42] 崔小璐. 试论卡斯特网络社会理论单向度倾向[J]. 青年学报,2004(3):47-50.
- [43] 陶文昭. 卡斯特的第四世界理论[N]. 社会科学报,2004-02-19.
- [44] 张卫华,秋声. 曼威·卡斯特:虚拟世界里的第一个哲学家[N]. 第一财经日报,2004-11-24.
- [45] 黄锫坚. 卡斯特:中国是一个全球化的大试验[N]. 经济观察报,2004-12-20.
- [46] 欧树军. 曼纽尔·卡斯特:网络社会的逻辑[J]. 网络法律评论,2007(8):228-233.
- [47] 李欣,赵俊杰. 新自由主义思潮与全球媒体网络的形成[J]. 新闻知识,2008(7):35-36.
- [48] 王保臣,杨艳萍. 曼纽尔·卡斯特研究述评[J]. 北京邮电大学学报(社会科学版),2008(6):10-15.
- [49] 杨荣国. 当代政治认同初探:试用卡斯特认同理论分析[J]. 内蒙古农业大学学报(社会科学版),2009(4):254-255.
- [50] 陆扬. 解析卡斯特尔的网络空间[J]. 文史哲,2009(4):144-150.

[51] 胡海. 网络社会中社会资本的权力维度[J]. 现代传播, 2011,(4):114-118.

[52] 牛俊伟,刘怀玉. 论吉登斯、哈维、卡斯特对现代社会的时空诊断[J]. 山东社会科学,2012(3):24-29.

[53] 赫曦滢. 曼纽尔·卡斯特城市理论的思想谱系与论域构建[J]. 社会科学战线,2013(12):261-262.

[54] 谷俊明. 曼纽尔·卡斯特网络社会思想起源探析[J]. 现代传播,2013(5):153-154.

[55] 刘建伟,余冬平. 试论网络空间的世界政治化[J]. 国际关系研究,2013(6):119-131,159-160.

[56] 牛俊伟. 从城市空间到流动空间:卡斯特空间理论述评[J]. 中南大学学报(社会科学版),2014(2):143-148,189.

[57] 张咏华. 卡斯特尔笔下的传媒转型[J]. 文化与传播,2014(2):44-53.

[58] 张荣. 卡斯特网络经济社会论探析[J]. 石家庄经济学院学报,2014(1):55-61.

[59] 王志刚. 曼纽尔·卡斯特的结构主义马克思主义城市理论[J]. 马克思主义与现实,2014(6):90-96.

[60] 袁小平,宗平华. 网络化社会中的国家:转化抑或消亡:对卡斯特的重新评介[J]. 南昌大学学报(人文社会科学版),2014(4):55-60.

[61] 何睿. 网络社会下的空间与时间新类型:曼纽尔·卡斯特空间时间观点述评[J]. 新闻世界,2014(12):97-99.

[62] 高雅. 社科著作《愤慨与希望的网络:互联网时代的社会运动》英汉翻译实践报告[D]. 兰州:西北师范大学,2015.

[63] 杨光影. 卡斯特网络社会理论视域下的作家身份认同[J]. 文艺评论,2015(7):38-42.

[64] 方艳. 曼纽尔·卡斯特网络社会理论之述评[J]. 哈尔滨学院学报,2015(6):17-20.

[65] 邵培仁,展宁. 西方媒介社会学研究的历史、现状与走向[C]//中国认知传播学会、赣南师范学院. 中国认知传播学会第二届学术年会论文集. 中国认知传播学会、赣南师范学院:全球修辞学会,2015:33-57.

[66] 张涛甫. 新传播技术革命与网络空间结构再平衡[J]. 南京社会科学,2015(1):114-120.

[67] 彭洲飞. 聚焦新马克思主义者卡斯特:信息资本主义理论[J]. 延安大学学报(社会科学版),2016(4):5-8,23.

[68] 闫婧. 卡斯特的一流动的空间‖思想研究[J]. 哲学动态,2016(5):43-48.

[69] 刘可文. 移动网络社会的崛起:曼纽尔·卡斯特网络社会理论著作解读[J]. 青年记者,2016(14):31-32.

[70] 杨卫丽,童乔慧,杨洪福. 曼纽尔·卡斯特与密斯的流动空间比较试析[J]. 河北建筑科技学院学报,2005(4):20-22.

[71] 卡斯特斯. 流动的空间与全球转型[J]. 读书,2005(10):76-86.

[72] 王保臣,杨艳萍. 曼纽尔·卡斯特研究述评[J]. 北京邮电大学学报(社会科学版),2008(6):10-15.

[73] 但海剑,石义彬. 网络社会理论视角下的跨文化传播思考[J]. 学习与探索,2008(4):119-121.

[74] 杨荣国. 当代政治认同初探:试用卡斯特认同理论分析[J]. 内蒙古农业大学学报(社会科学版),2009(4):254-255.

[75] 肖峰. 信息技术决定论:从《信息社会》到《信息主义》[J]. 东北大学学报(社会科学版),2009(5):377-383.

[76] 肖峰. 历史观信息主义:从媒介决定论到信息方式[J]. 科学技术哲学研究,2009(6):84-90.

[77] 陆扬. 解析卡斯特尔的网络空间[J]. 文史哲,2009(4):144-150.

[78] 沈丽珍,甄峰,席广亮. 解析信息社会流动空间的概念、属性与特征[J]. 人文地理,2012(4):14-18.

[79] 谷俊明. 曼纽尔·卡斯特网络社会思想起源探析[J]. 现代传播(中国传媒大学学报),2013(5):153-154.

[80] 张钊. 流动权力与复杂性:理解世界青年运动的一种潜在视角[J]. 中国青年研究,2013(12):11-15.

[81] 王冠. 网络社会的流动空间集聚与扩散[J]. 人文杂志,2013(3):111-115.

[82] 徐忆,宁云中. 卡斯特尔的网络空间理论与《超文本》文学表征[J]. 求索,2013(1):168-170.

[83] 牛俊伟. 从城市空间到流动空间:卡斯特空间理论述评[J]. 中南大学学报(社会科学版),2014(2):25-26.

[84] 张荣. 卡斯特网络经济社会论探析[J]. 石家庄经济学院学报,2014(1):55-61.

[85] 张咏华. 卡斯特尔笔下的传媒转型[J]. 文化与传播,2014(2):44-53.

[86] 杨光影. 卡斯特网络社会理论视域下的作家身份认同[J]. 文艺评论,2015(7):38-42.

[87] 彭洲飞. 聚焦新马克思主义者卡斯特:信息资本主义理论[J]. 延安大学学报(社会科学版),2016(4):5-8,23.

[88] 闫婧. 卡斯特的"流动的空间"思想研究[J]. 哲学动态,2016(5):43-48.

[89] 李楠. 文学作品进入网络空间后:从卡斯特《网络社会的崛起》说起[J]. 博览群书,2016(10):86-88.

三、普通英文文献

1. 著作

[1] Eco U. Apocalypse Postponed[M]. Bloomington:Indiana University Press,1994:87-102.

[2] Thompson J B. Social Theory and the Media[M]//Crowley D, Mitchell D. Communication Theory Today. Stanford:Stanford University Press,1994:27.

[3] Giddens A. New Rules of Sociological Method[M]. New York:Basic Books,1993:106-110.

[4] Frank W. Theories of the Information Society[M]. London:Rutledge, 2002:99.

[5] Frank W. Culture and Politics in the Information Age: A New Politics? [C]. Political Science,2002:86.

[6] Barney D. The Network Society[M]. Cambridge: Polity Press,2004.

[7] Felix S. The Network Theory of Manuel Castells[M]. Cambridge: Polity Press,2005.

[8] Frank W. Theories of the Information Society 3th[M]. London:Rutledge,2006.

[9] Bell D. Cyberculture Theorists: Manuel Castells and Donna Haraway[M]. London: Rutledge, 2007.

[10] Hesmondhalgh D, Toynbee J. The Media and Social Theory[M]. London:Rutledge,2008: 1.

[11] Gane N. New Media: The Key Concepts[M]. New York: Berg Publishers, 2008:46, 52.

[12] Howard P N. Castells and the Media: Theory and Media[M]. London: Policy Press,2011: 57-58.

[13] Fuchs C. Social Media: A Critical Introduction[M]. London: Sage,2014:88.

[14] Dijk V, J. The Network Society: Social Aspects of New Media[M]. Thousand Oaks: Sage, 2006.

2. 论文

[1] Gerald M. Kosicki. Problems and Opportunities in Agenda-Setting Research [J]. Journal of Communication,1993,43(2):100-127.

[2] Robert M. Entman Framing:Toward Clarification of A Fractured Paradigm[J]. Journal of Communication, 1993,43(4):51-58.

[3] Dijk V. The One Dimensional Society of Manuel Castells[J]. New Media & Society,1999, 1 (1):127-138.

[4] Anderson,William R. Manuel Castells and the Decline of Twentieth-Century Sociology[J]. The Quarterly Journal of Austrian Economics 2000, 2(3): 83-85.

[5] Roberts J. Theory,Technology and Cultural Power an Interview with Manuel Castells[J]. Angelika,1999,4(2):33-39.

[6] Kreisler H. Identity and Change in the Network Society. Conversation with Manuel Castells. [EB/OL]. http://globetrotter. berkeley. edu/people/Castells/castells-con0. htm.

[7] Heiskala R. Informational Revolution, the Net, and Cultural Identity. A Conceptual Critique of Manuel Castells' *The Information Age* [J]. European Journal of Cultural Studies,2003,6 (2): 237-238.

[8] Rantanen T. The Message is the Medium:An Interview with Manuel Castells[J]. Global Media and Communication,2004,1 (2):137.

[9] Hutchins B. Castells, Regional News Media and the Information Age[J]. Continuum, 2004, 18 (4) :577-590.

[10] 김명준. Manuel Castells' Theories of the "Network Society" and Its Implications on Communication Studies[J]. Korean Journal of Journalism & Communication Studies, 2007, 51(2): 283-307.

[11] Karine B N. Toward a Theory of Network Gatekeeping: A Framework for Exploring Information Control [J]. Journal of the American Information Science and Technology, 2008, 59(9):1-20.

[12] Dijk J V. Review of Manuel Castells, Communication Power [J]. European Journal of Communication, 2009(Ⅱ):1-4.

[13] Allan Citizen Journalism and the Rise of Mass Self-Communication: Reporting the London Bombings[J]. Global Media Journal Australian Edition, 2012 (1):1-20.

[14] Ampuja M. Globalization Theory, Media-Centrism and Neoliberalism: A Critique of Recent Intellectual Trends[J]. Critical Sociology, 2011, 38(2): 281-301.

[15] David M, Kirton A, Millward P. Castells, Murdochization, Economic Counterpower and Livestreaming[J]. SAGE Publications, 2017(5): 497-511.

[16] Christian F. Power in the Age of Social Media[J]. Heath Wood Journal of Critical Theory, 2015, 1(1): 1-29.

[17] Anttiroiko A V. Networks in Manuel Castells' Theory of the Network Society[C]. Mpra Paper, 2015:1-36.

[18] Anttiroiko A V. Castells' Network Concept and Its Connections to Social, Economic and Political Network Analyses[J]. Journal of Social Structure, 2015(7):1-18.

3. 对卡斯特著作的和研究的述评

[1] Barassi V. "Review-Networks of Outrage and Hope". E-International Relations[EB/OL]. http://www.e-ir.info/2013/02/27/review-network.

[2] Kasvio A. What Information Society? [M]//Kasvio A, Anttiroiko A-V. Analysing Efforts to Generate Local Dynamism in the City of Tampere. Tampere: Tampere University Press, 2005:619-643.

[3] Bridge G, Watson S. City Economies[M]//Bridge G, Watson S. A Companion to the City. Oxford: Blackwell, 2003.

[4] Cabot J E. Manuel Castells: The Rise of the Network Society[J]. Research Policy, 2003 (32): 1141-1162.

[5] Cardoso G. The Media in the Network Society: Browsing, News, Filters and Citizenship [C]. Lisboa Portugal Cies, Centre for Research & Studies in Sociology, 2006:562.

[6] Cochrane A D. The Social Construction of Urban Policy[M]//Bridge G, Watson S. A Companion to the City[J]. Oxford: Blackwell, 2003.

[7] Holton R J. Network Discourses: Proliferation, Critique and Synthesis. Review Essay[J]. Global Networks, 2005, 5(2): 209-215.

[8] Dijk V J. The One-Dimensional Network Society of Manuel Castells[EB/OL]. [2007-1-1]. http://www.chronicleworld.org/archive/castells.htm.

[9] Delfanti A. Too Much Power to the Networks. Review [J]. Journal of Science Communication, 2009, 8(4): 1-2.

[10] Eriksson. On the Ontology of Networks[J]. Communication and Critica Cultural Studies, 2005, 2(4): 305-323.

[11] Barry A. Political Machines: Governing a Technological Society[M]. London: Athlone Press, 2001.

[12] Fuchs C. International Sociological Association (ISA) World Forum: Day 2: Alain Touraine, Manuel Castells, And Craig Calhoun. Information Society[EB/OL]. [2008-9-7]. Technology & Media. http://fuchs.uti.at/195/.

[13] Mayer M. Manuel Castells' *The City and the Grassroots*[J]. International Journal of Urban and Regional Research, 2006(30): 202-206.

[14] Fuchs C. Some Reflections on Manuel Castells' Book Networks of Outrage and Hope: Social Movements in the Internet Age[J]. Communication, Capitalism & Critique, 2012, 10 (2): 775-797.

[15] Hassan R. Media, Politics and the Network Society[M]. Buckingham: Open University Press, 2004.

[16] Giddens A. Out of Place. A Review of Manuel Castells' Book"The Rise of the Network Society"[R]. London: The Times Higher Education Supplement 1996(13): 18.

[17] Granovetter M S. The Strength of Weak Ties[J]. The American Journal of Sociology, 1973, 78(6): 1360-1380.

[18] Granovetter M S. The Strength of Weak Ties: A Network Theory Revisited [J]. Sociological Theory, 1983, 1: 201-233.

[19] Harding R. Manuel Castells' Technocultural Epoch in the Information Age[J]. Science Fiction Studies, 2006, 33(1): 18-29.

[20] Hassan R. Media, Politics and the Network Society[M]. Buckingham: Open University Press, 2004.

[21] Heiskala R. Informational Revolution, the Net and Cultural Identity. A Conceptual Critique of Manuel Castells'— The Information Age II. [J]. European Journal of Cultural Studies, 2003, 6(2): 233-245.

[22] Dijk V J. Review of Manuel Castells, Communication Power [M]. Oxford: Oxford

University Press, 2009.

[23] Iyer S D. Book Review: The Rise of the Network Society[C]. Institute of Mathematical Geography, 1999.

[24] Kling R, Castells M. The Internet Galaxy: Reflections on the Internet, Business, and Society[J]. Academe, 2002, 88(4): 66.

[25] Mayer M. Manuel Castells' *The City and the Grassroots*[J]. International Journal of Urban and Regional Research, 2006(30): 202-206.

[26] Pescosolido B A. The Sociology of Social Networks[J]//Bryant C D, Peck D L. The Rantanen T. the Message is the Medium. An Interview with Manuel Castells. Global Media Communication, 2005, 1(2): 135-147.

[27] Smart B. A Political Economy of New Times? Critical Reflections on the Network Society and the Ethos of Informational Capitalism[J]. European Journal of Social Theory, 2000, 3(1): 51-65.

[28] Stalder F. The Network Paradigm: Social Formations in the Age of Information[J]. The Information Society, 1998, 14(4): 301-308.

[29] Tampere K A. Walk in the Public Relations Field: The Oretical Discussions from a Social Media and Network Society Perspective[J]. Central European Journal of Communication, 2011, 4(1): 49-61.

[30] Waterman P. The Brave New World of Manuel Castells: What on Earth is Going On? Review Article[J]. Development and Change, 1999, 30(2): 357-380.

[31] Whitely P. Review of Manuel Castells' *City, Class and Power*[J]. Journal of Social Policy, 1980, 9(1): 135-137.

[32] Vilnius M. A New Globe in the Making: Manuel Castells on the Information Age. Review Essay[J]. Acta Sociological, 1998(41): 269-276.

4. 硕博论文

[1] 石岩妍. 从"网络社会理论"管窥卡斯特利斯传播思想[D]. 保定：河北大学, 2009.

[2] 朱明坤. 曼纽尔·卡斯特网络社会理论研究[D]. 北京：中国社会科学院, 2011.

[3] 任荣论. 曼纽尔·卡斯特的新马克思主义城市观[D]. 上海：上海师范大学, 2011.

[4] 赫曦滢. 新马克思主义城市学派理论研究[D]. 长春：吉林大学, 2012.

[5] 牛俊伟. 城市中的问题与问题中的城市：卡斯特《城市问题》研究[D]. 南京：南京大学, 2013.

[6] 谷俊明. 卡斯特信息社会思想研究[D]. 北京：中国传媒大学, 2014.

[7] 余婷. 曼纽尔·卡斯特的流动空间理论研究[D]. 南京：南京大学, 2014.

[8] 秦栋. 曼纽尔卡斯特的传播理论研究[D]. 上海：同济大学, 2015.

［9］ 程悦.网络社会理论视角下的认同变迁研究：以《穹顶之下》为个案分析[D].重庆：重庆大学,2015.

5. 其他文献

［1］ 中国互联网络信息中心[EB/OL].http：//www.cnnic.cn/hlwfzyj/hlwxzbg/.

［2］ 支庭荣.怪兽来袭,没有报纸的明天会来临吗？[EB/OL].[2015-10-10].http：//www.cssn.cn/index/sy_sqrd/201510/t20151010_2489570.shtml.

［3］ 2012卡斯特的霍尔贝格获奖采访[EB/OL].http：//www.holbergprisen.no/en/manuel-castells/interview.html.